KANJI STARTER

KANJI STARTER

by
Daiki Kusuya

IBC Publishing

PREFACE

There are about 8,000–10,000 kanji character entries in a general kanji dictionary. About 2,000 of these characters are designated as "daily-use" kanji by the Japanese government.

Of these 2,000 characters, some can be easily understood by the use of pictographs, and this book contains about 200 such characters.

Most of the pictographs in this book are based on their historical development, but some are not (I created them). The goal is to understand what a certain kanji character means rather than how it was derived.

DAIKI KUSUYA

CONTENTS

PREFACE 5
SECTION 1 9
SECTION 2 91
SECTION 3 113
APPENDIX 185
INDEX 189
BIBLIOGRAPHY 197

SECTION 1

NOTE:

One kanji character may be pronounced in different ways depending on how it is used. In SECTION 1 and SECTION 2, the pronunciation shown along with each character is only one of the possible ways to pronounce it.

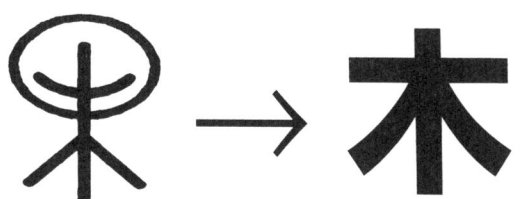

TREE
[ki]

WOODS
[hayashi]

FOREST
[mori]

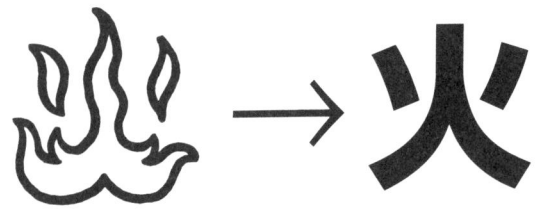

FIRE
[hi]

BLAZE

[honō]

ASH

[hai]

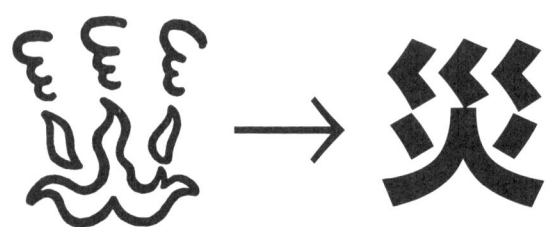

DISASTER
[wazawa-i]

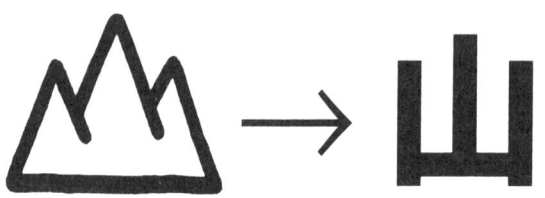

MOUNTAIN
[yama]

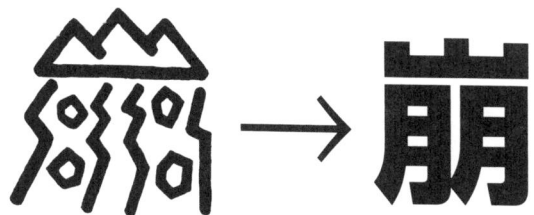

landslide → **COLLAPSE**
[kuzu-reru]

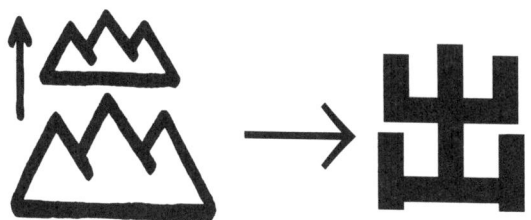

mountain over mountain → **PROTRUDE, GO OUT**
[de-ru]

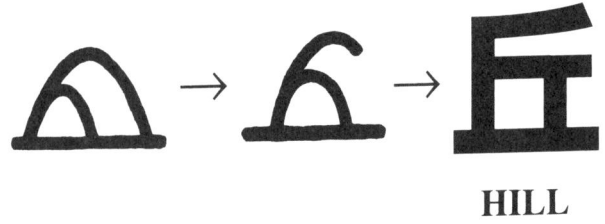

HILL
[oka]

area between mountains

VALLEY
[tani]

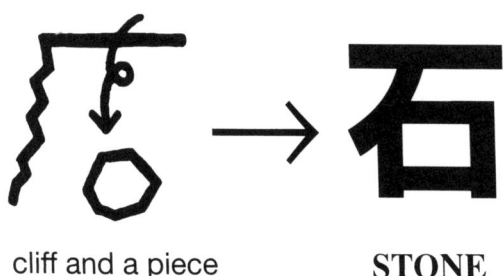

cliff and a piece → **STONE** [ishi]

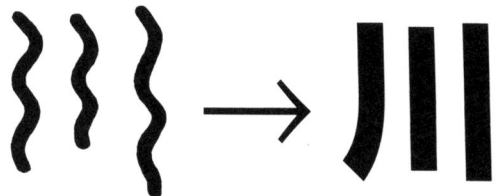

→ **RIVER** [kawa]

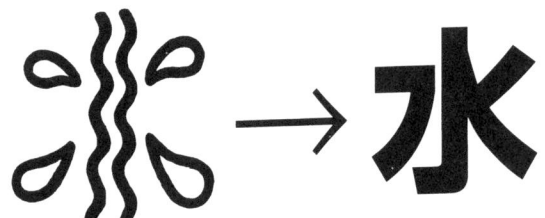

WATER
[mizu]

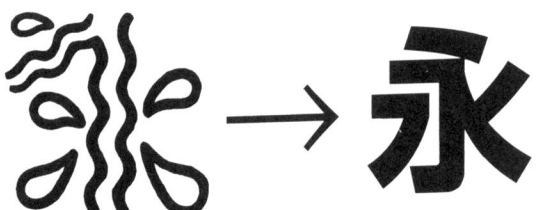

stream having
a branch,
i.e. a long stream

**LONG,
ETERNAL**

[naga-i]

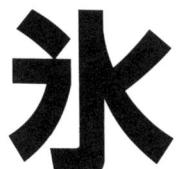

ICE
[kōri]

RAIN
[ame]

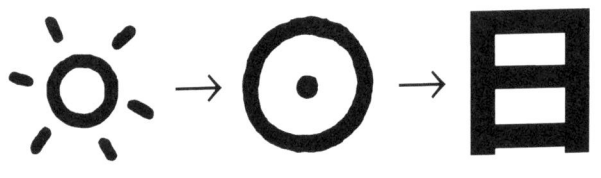

SUN, DAY

[hi]

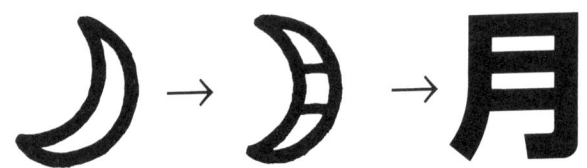

MOON, MONTH

[tsuki]

EVENING, DUSK
[yū]

two moons

MANY
[ō-i]

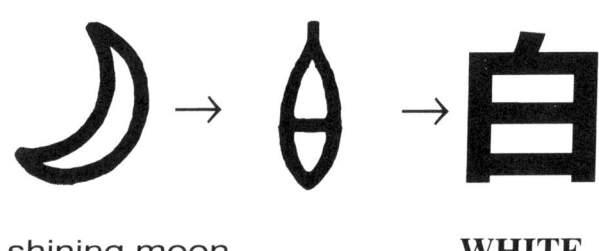

shining moon

WHITE
[shiro]

NOON
[hiru]

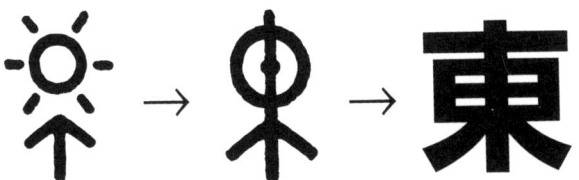

rising sun

EAST
[higashi]

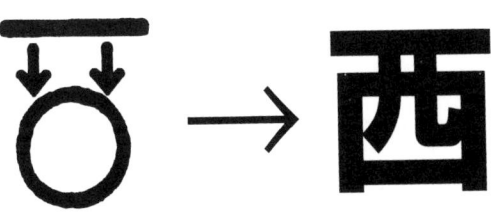

sun under
the horizon

WEST
[nishi]

LIGHT, RAY
[hikari]

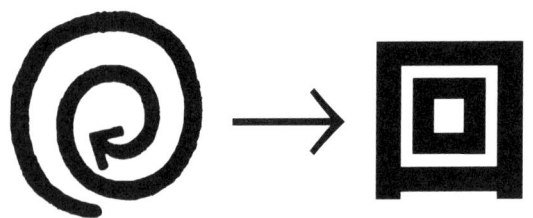

ROTATE, TURN
[mawa-ru]

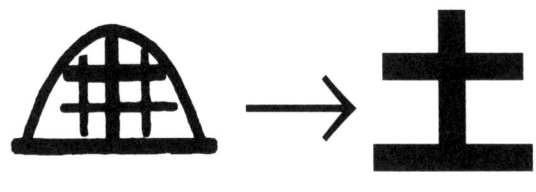

mound

SOIL
[tsuchi]

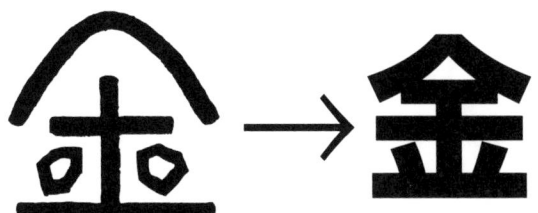

a mountain, soil and nuggets

GOLD, MONEY
[kin]

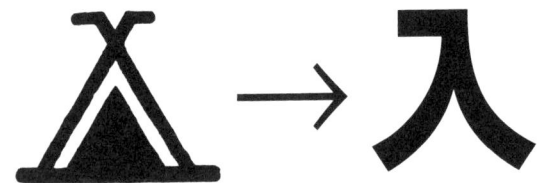

entrance of a hut

ENTER
[hai-ru]

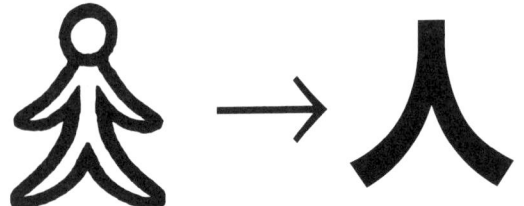

PERSON
[hito]

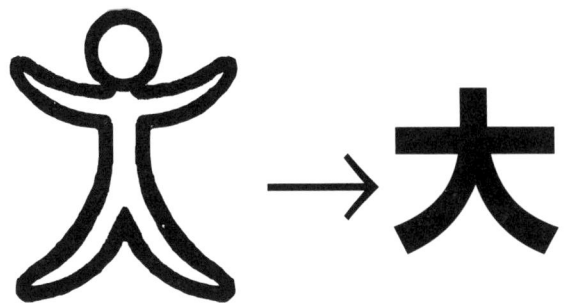

LARGE
[ō-kii]

supported by a gigantic person (like Atlas)

HEAVEN, SKY
[ten]

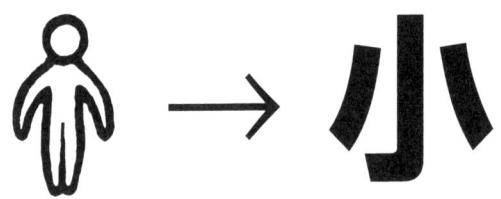

SMALL
[chī-sai]

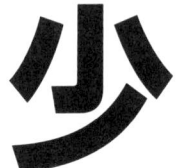

LITTLE, LESS
[suku-nai]

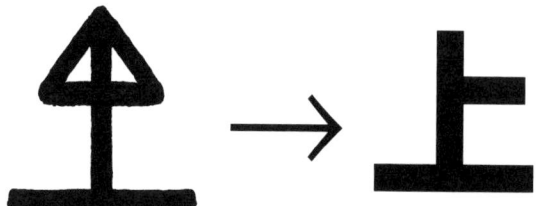

UP, ABOVE
[ue]

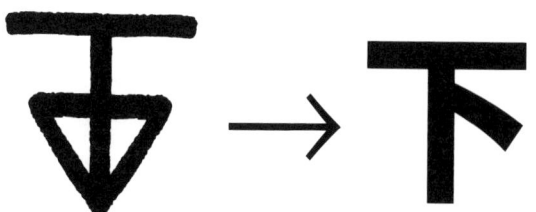

DOWN, BELOW
[shita]

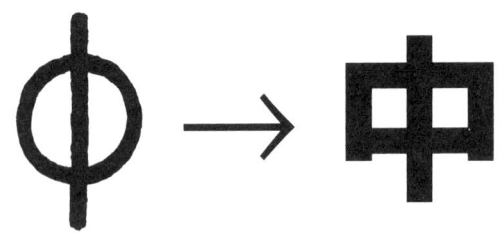

MIDDLE, CENTER
[naka]

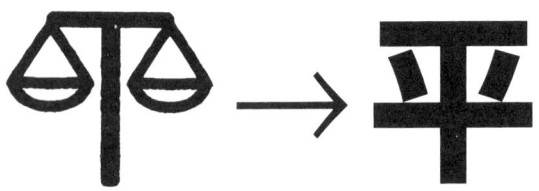

balance

FLAT, PLANE
[tai-ra]

STOP
[to-maru]

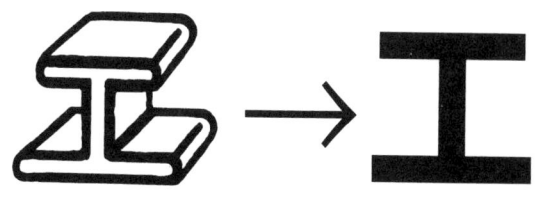

ENGINEERING
[kō]

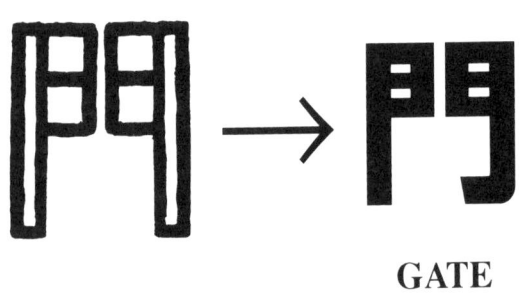

GATE
[mon]

DOOR
[to]

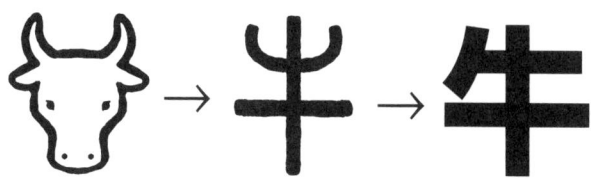

COW
[ushi]

SHEEP
[hitsuji]

DOG
[inu]

ELEPHANT
[zō]

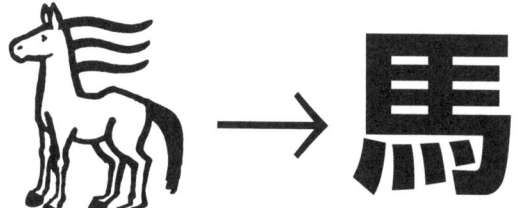

HORSE
[uma]

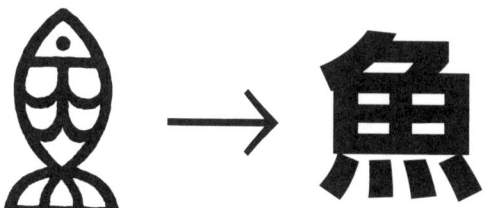

FISH
[sakana]

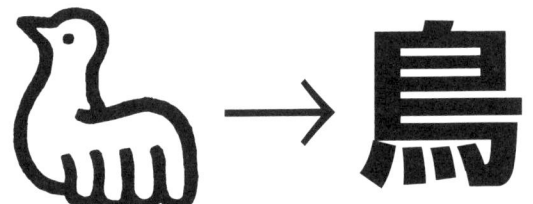

BIRD
[tori]

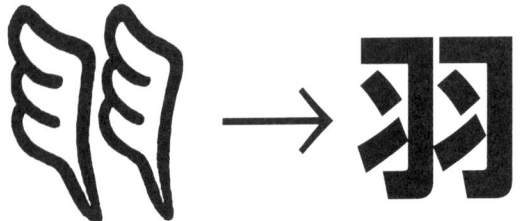

WING, FEATHER
[hane]

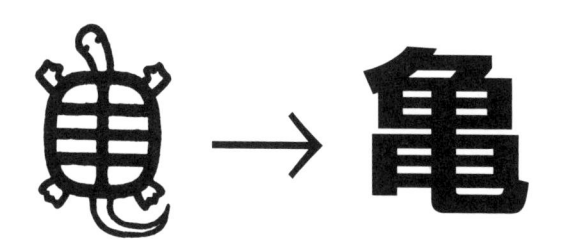

TURTLE, TORTOISE
[kame]

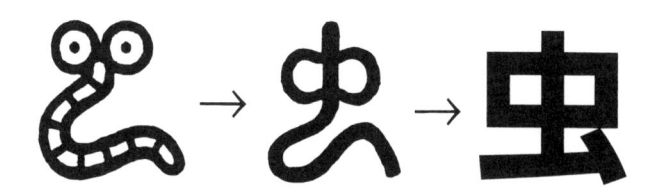

BUG, INSECT
[mushi]

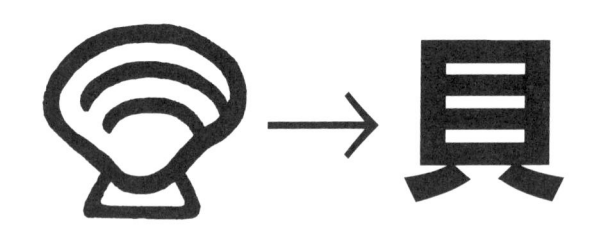

SHELL
[kai]

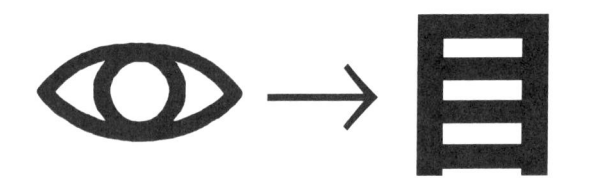

EYE
[me]

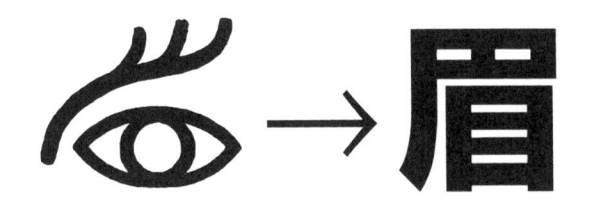

→ 眉

EYEBROW
[mayu]

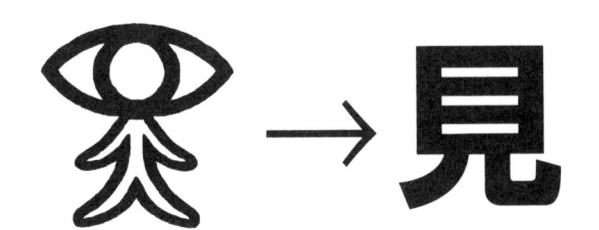

→ 見

LOOK, WATCH
[mi-ru]

→ 覚

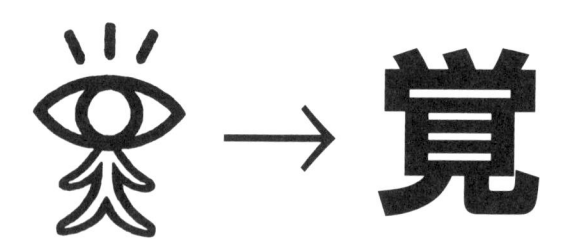

AWAKE, REMEMBER
[obo-eru]

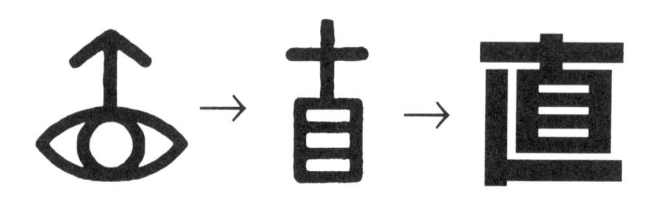

→ 目 → 直

look ahead

DIRECT, STRAIGHT
[choku]

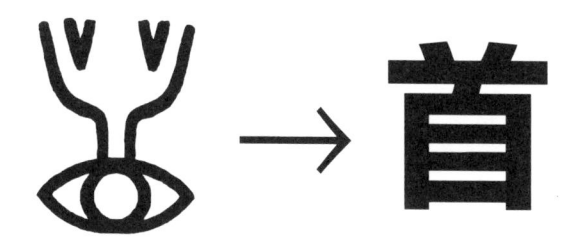

NECK
[kubi]

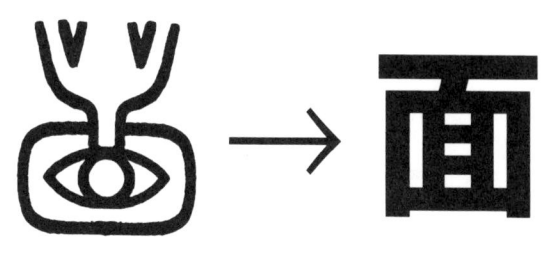

something surrounding eyes

FACE, SURFACE
[men]

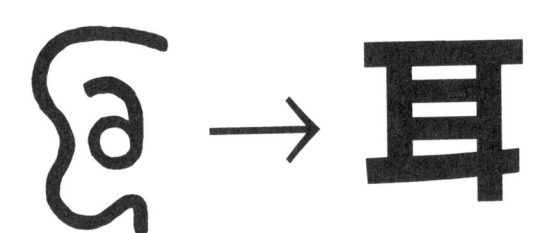

EAR
[mimi]

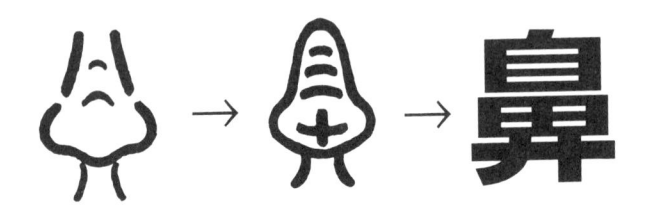

NOSE
[hana]

𝕽 → 肩 → 肩

SHOULDER
[kata]

→ → 背

BACK
(as in body part)
[se]

→ 骨

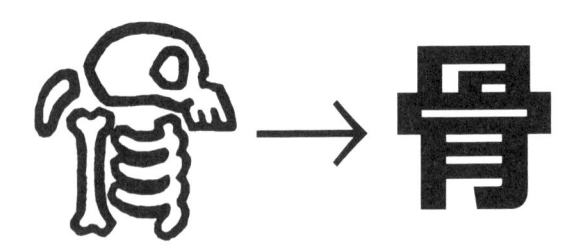

BONE
[hone]

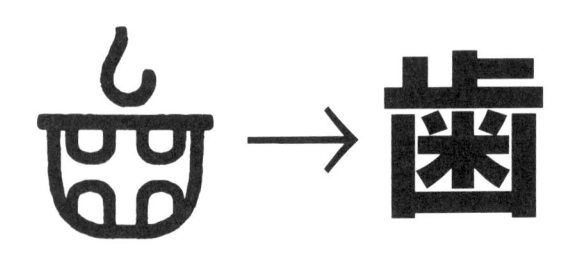

→ 歯

TOOTH
[ha]

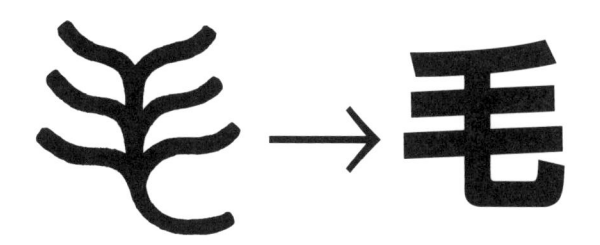

HAIR
[ke]

HAND
[te]

NAIL
[tsume]

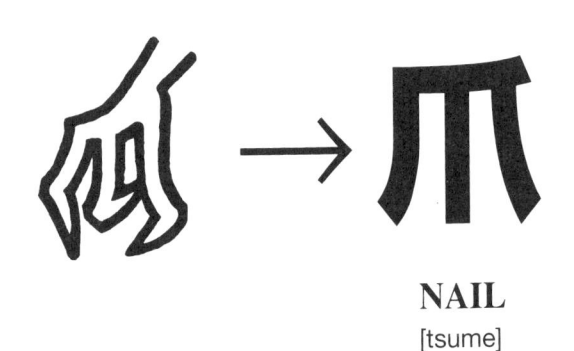

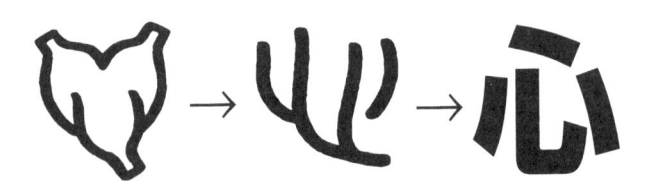

HEART
[kokoro]

→ 足

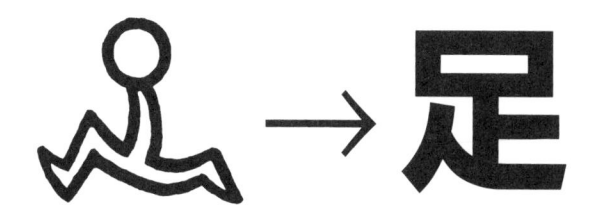

LEG, FOOT
[ashi]

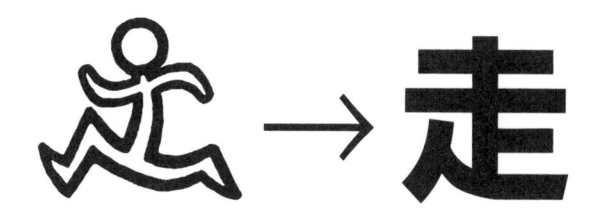

→ 走

RUN
[hashi-ru]

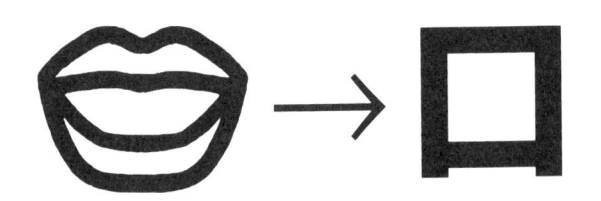

MOUTH
[kuchi]

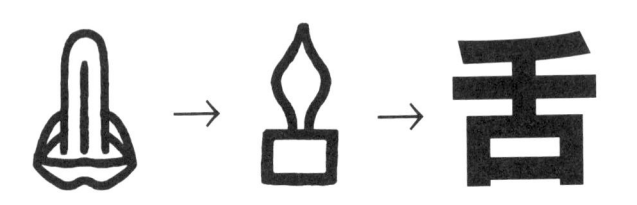

TONGUE
[shita]

SAY, TELL
[i-u]

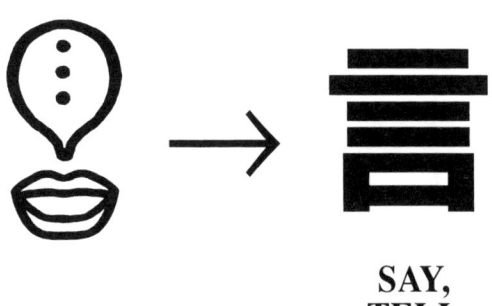

SWEET
[ama-i]

B → 弓

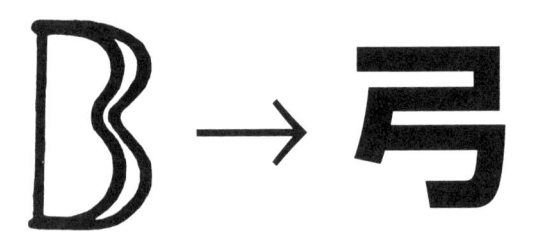

BOW
[yumi]

引

PULL
[hi-ku]

ARROW
[ya]

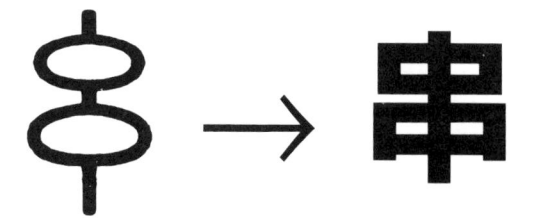

STICK, SKEWER
[kushi]

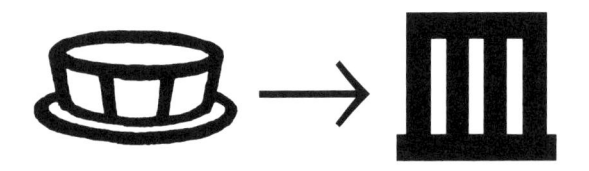

PLATE, DISH
[sara]

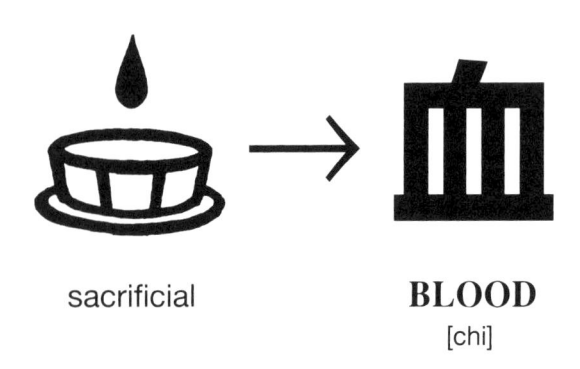

sacrificial

BLOOD
[chi]

SHIP, BOAT
[fune]

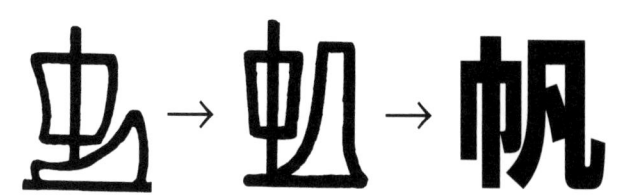

SAIL
[ho]

53

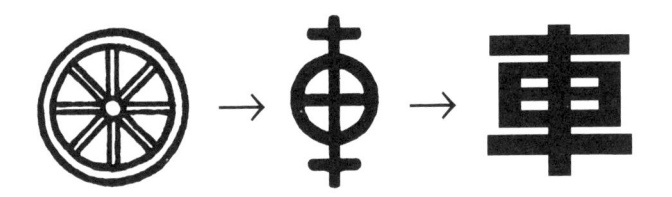

WHEEL, CAR
[kuruma]

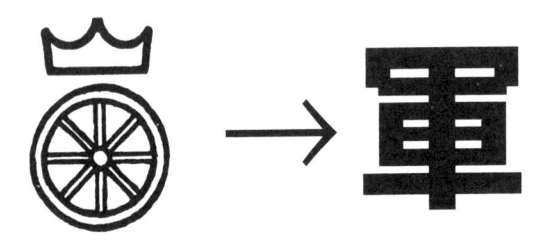

a crown and a wheel

ARMY
[gun]

54

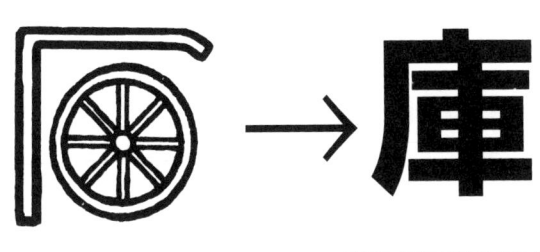

car port → **庫**

WAREHOUSE, STOCK ROOM
[ko]

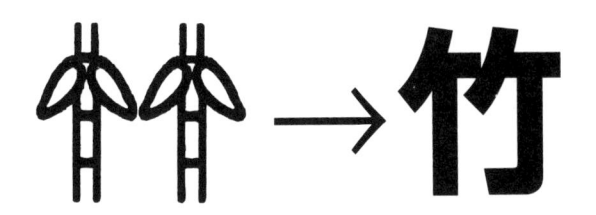

→ **竹**

BAMBOO
[take]

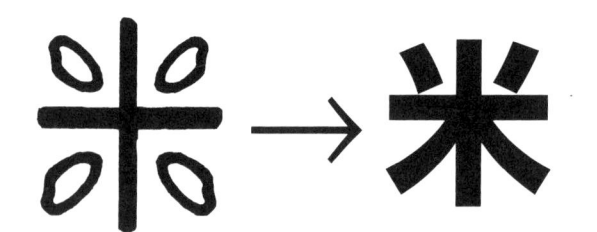

RICE
[kome]

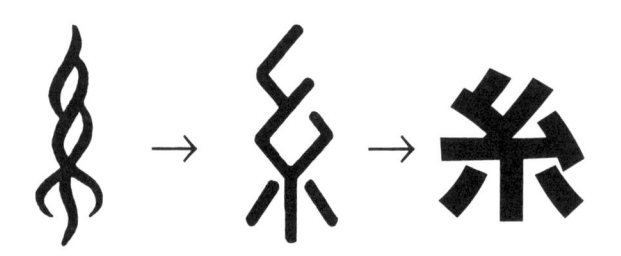

THREAD
[ito]

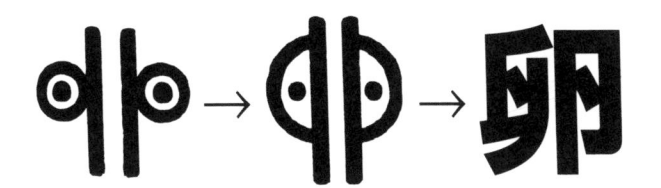

frog spawns on a stem

EGG
[tamago]

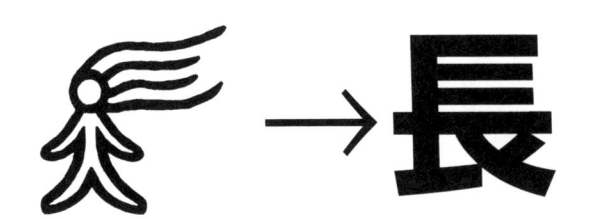

LONG
[naga-i]

→ 煮

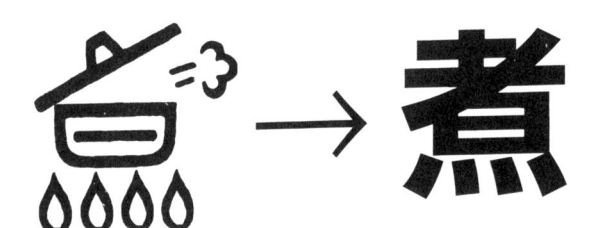

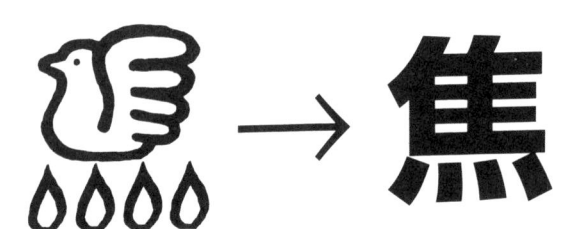

BOIL, POACH
[ni-ru]

broiler → 焦

BURNT
[ko-geru]

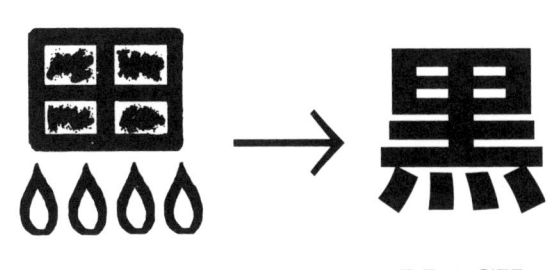

soot → **BLACK**
[kuro]

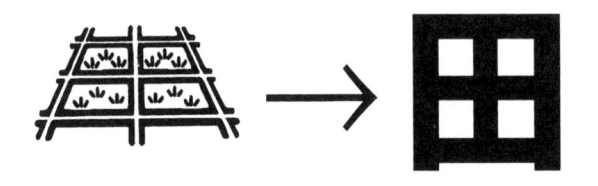

→ **RICE FIELD**
[ta]

→ 示

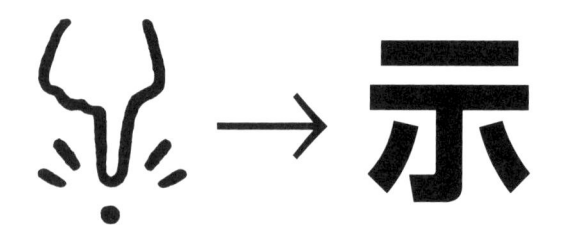

POINT OUT, INDICATE
[shime-su]

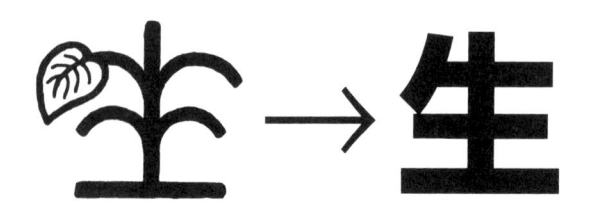

growing plant → 生

ALIVE, BORN
[i-kiru]

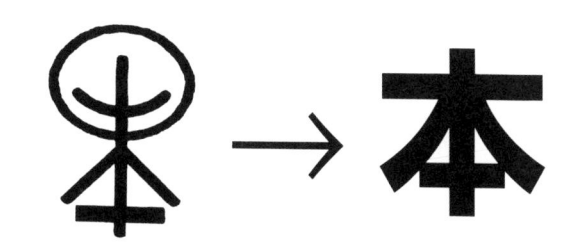

bottom of a tree → **BASE, ORIGIN** [hon]

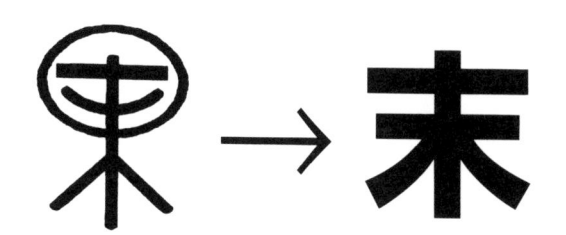

top of a tree → **END, TERMINAL** [sue]

could not reach
the top

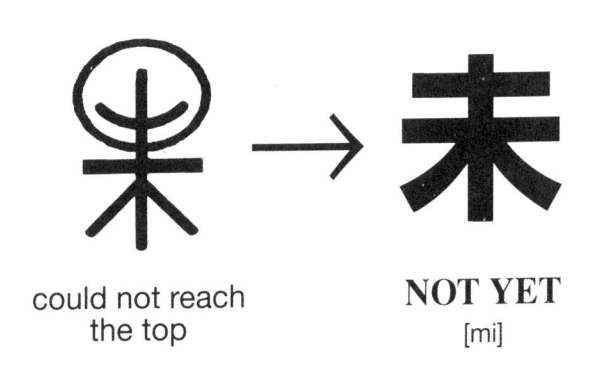

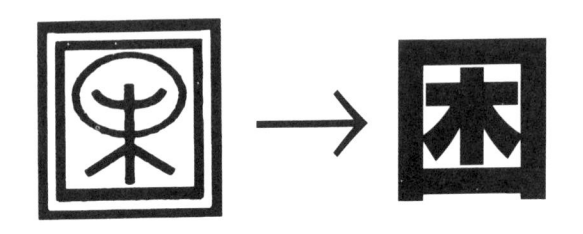

→ **NOT YET**
[mi]

a tree in a box
limited its growth

→ **IN TROUBLE**
[koma-ru]

→ 果

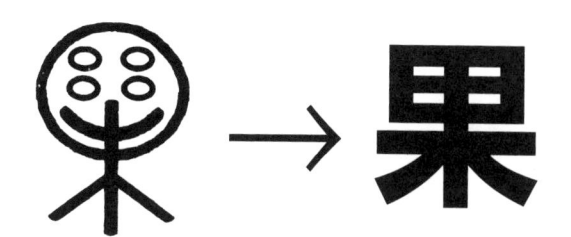

FRUIT, RESULT
[ha-tasu]

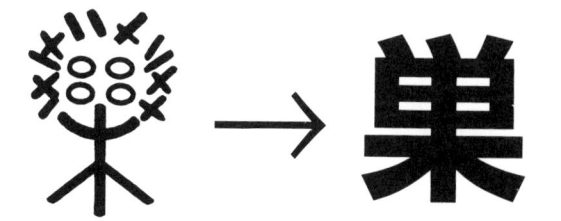

→ 巣

NEST
[su]

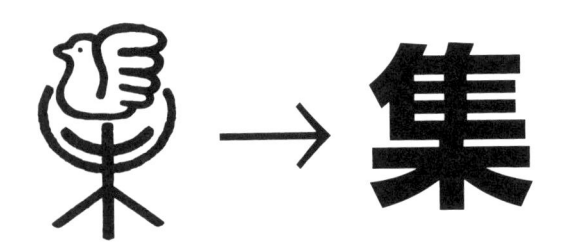

GATHER
[atsu-maru]

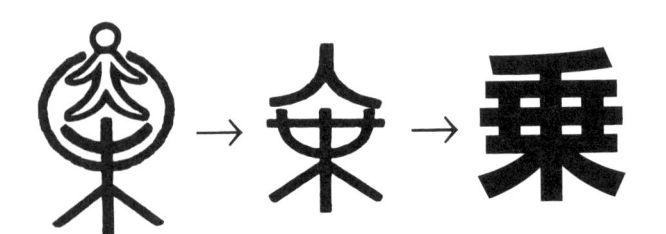

GET ON, MOUNT
[no-ru]

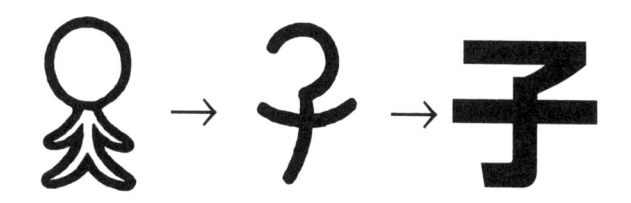

relatively large head

CHILD
[ko]

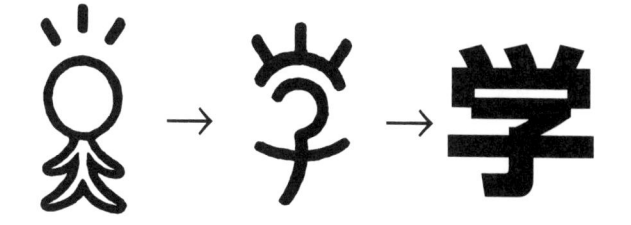

a child with an idea

LEARN, STUDY
[mana-bu]

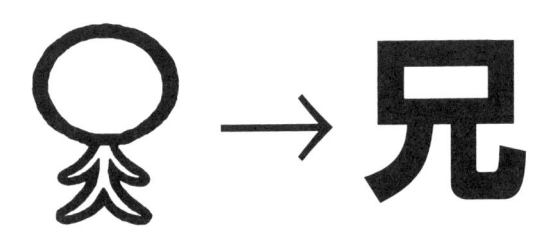

having a developed skull → **兄**

ELDER BROTHER

[ani]

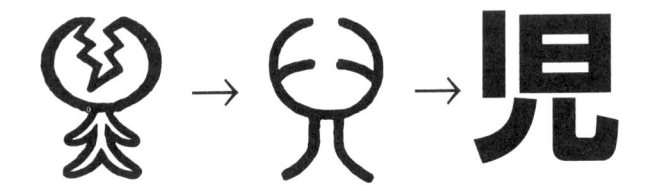

having an undeveloped skull → → **児**

CHILD, BABY

[ji]

→ 立

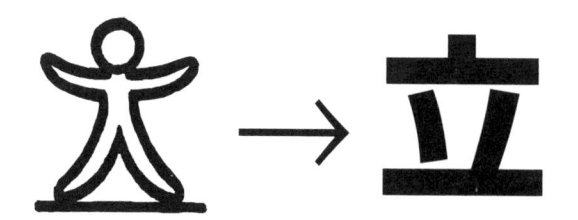

STAND
[ta-tsu]

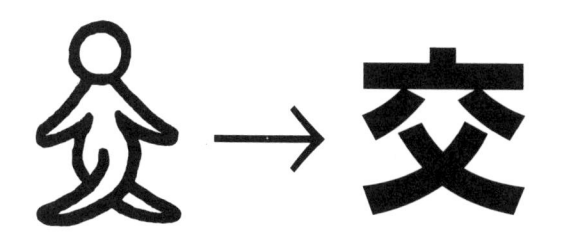

→ 交

CROSS, EXCHANGE
[maji-waru]

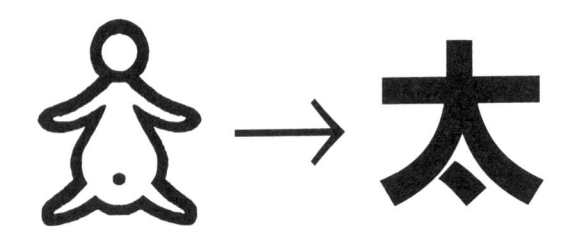

FAT
[futo-i]

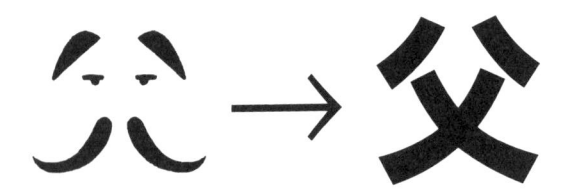

a man with a grand mustache

FATHER
[chichi]

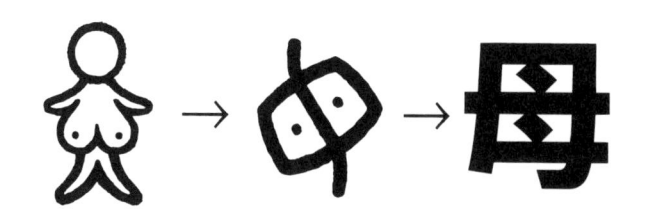

a pregnant woman having large breasts

MOTHER
[haha]

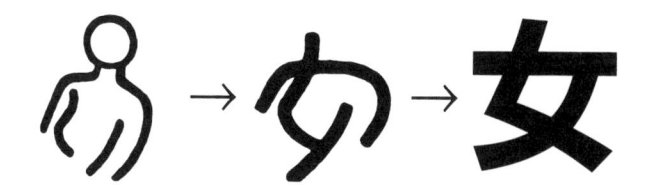

FEMALE
[onna]

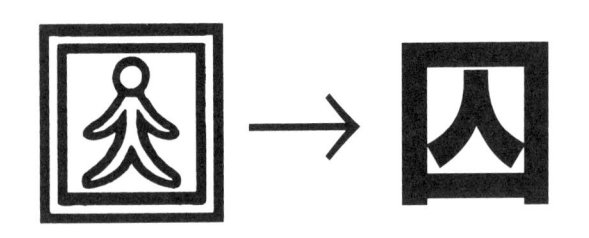

INSIDE
[uchi]

IMPRISONED
[shū]

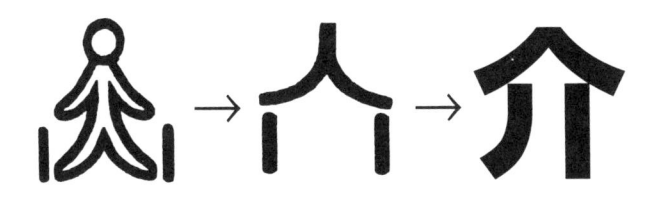

stand in between → **INTRODUCE, INTERMEDIATE** [kai]

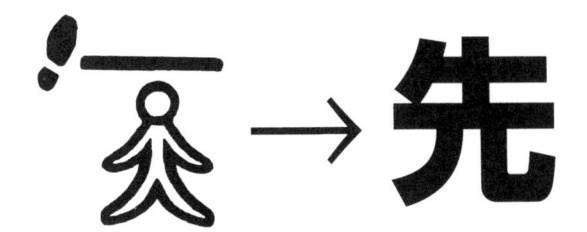

foot print ahead → **AHEAD, PRIOR TO** [saki]

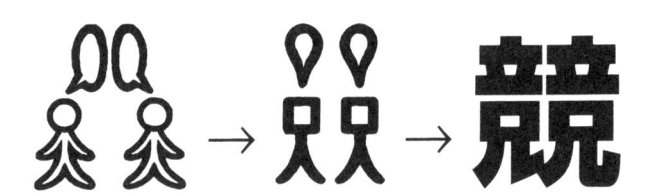

debate → **COMPETE**
[kiso-u]

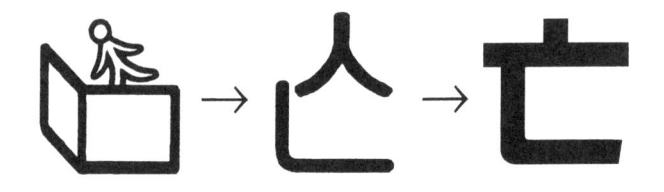

a person behind a screen → **DEAD, LOST**
[na-i]

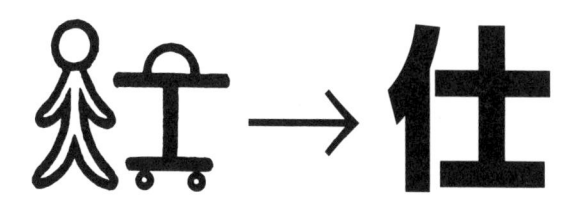

a person and a dinner wagon

SERVE
[tsuka-eru]

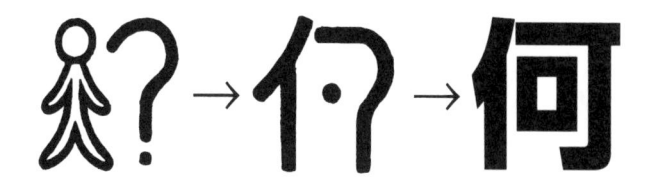

WHAT
[nani]

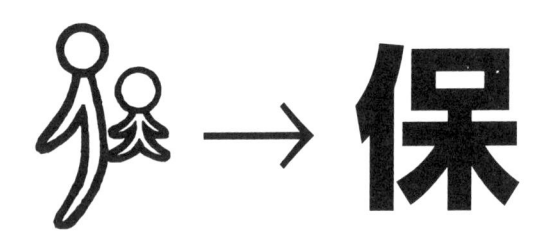

a person carrying a baby on the back

TAKE CARE, MAINTAIN
[tamo-tsu]

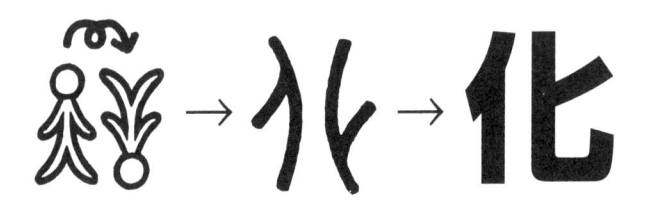

turn over

CHANGE, TURN INTO
[ba-keru]

twins → **双**
PAIR
[futa]

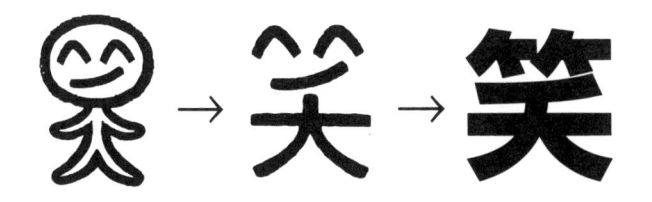

→ 笑 → **笑**

SMILE, LAUGH
[wara-u]

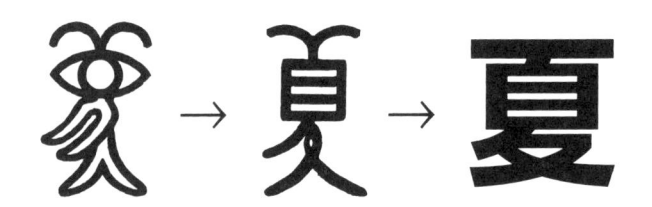

season of carnival /dancing → **SUMMER** [natsu]

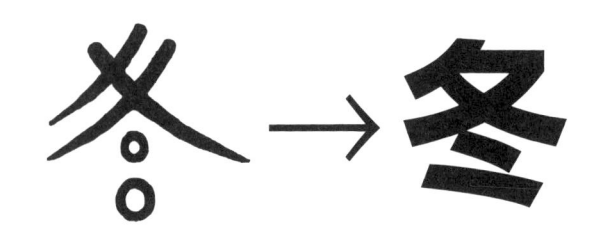

wind and snow → **WINTER** [fuyu]

ア → ト → カ

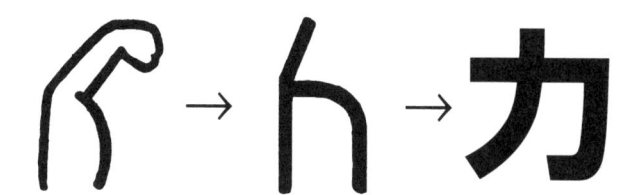

POWER, MIGHTY
[chikara]

(a lot of "powers")

協

COOPERATE
[kyō]

刀 → 刀

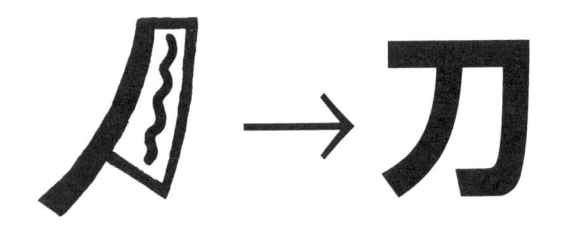

SWORD
[katana]

刃

EDGE, BLADE
[ha]

刀 → 分

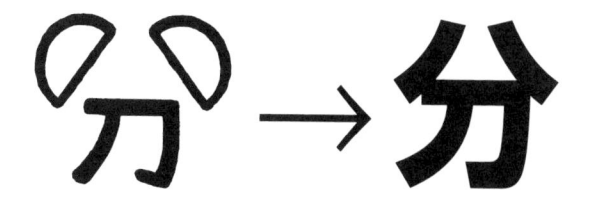

separate with a sword

SEPARATE, MINUTE
(=separated hour)
[wa-keru]

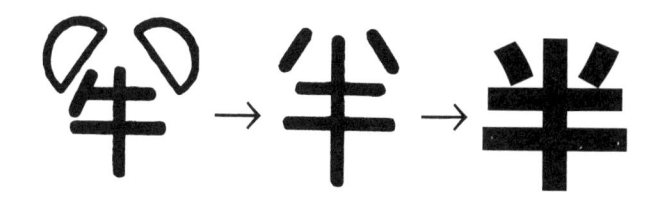

牛 → 半 → 半

separating a cow

HALF
[naka-ba]

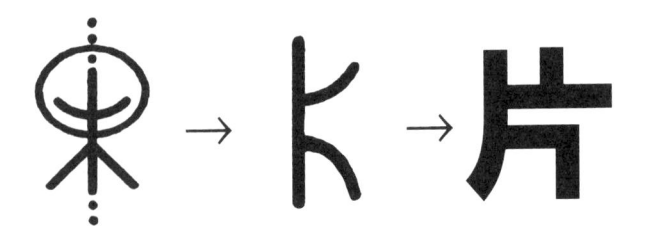

half of a tree → → **ONE SIDE, PIECE**
[kata]

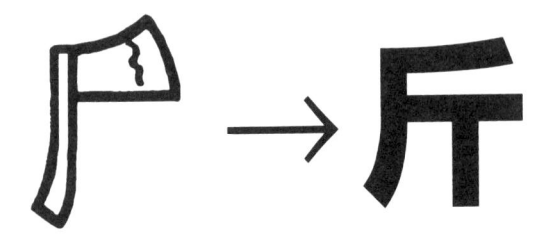

HATCHET, AXE
[kin]

ancient crown → **OLD**
[furu-i]

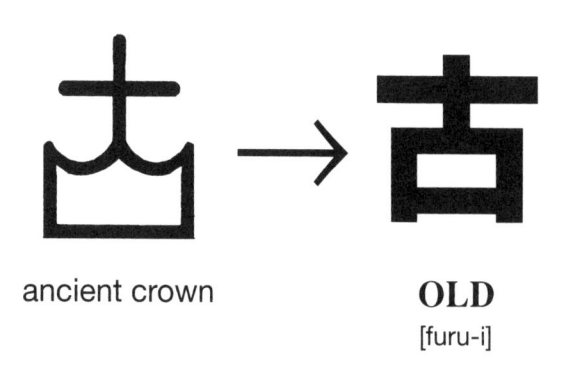

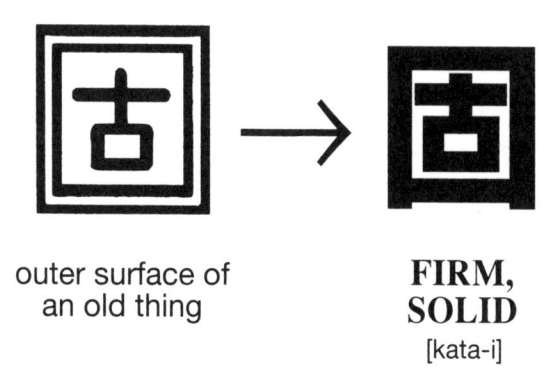

outer surface of an old thing → **FIRM, SOLID**
[kata-i]

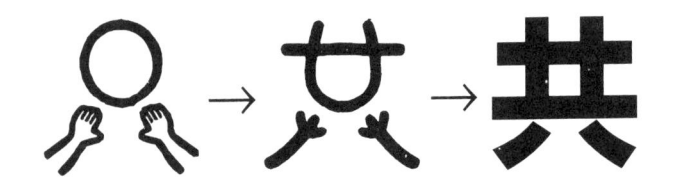

TOGETHER, COMMON
[tomo]

attitude during a face-off

NEGATIVE
[hi]

卄 → 彳 → 行

intersection

GO
[i-ku]

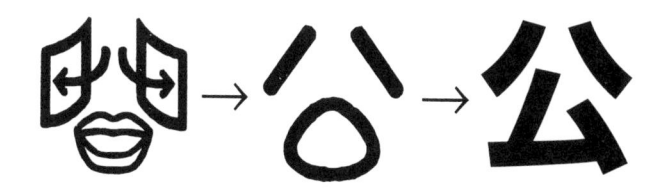

→ 公 → 公

opinion (=mouth)
made at
opened space

PUBLIC
[ōyake]

100 → 旧 → 百

HUNDRED
[hyaku]

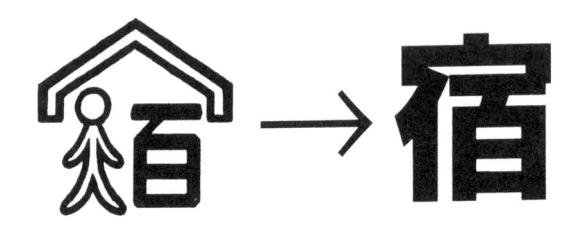

100 people under a roof

INHABIT, LODGE
[yado]

→ 井

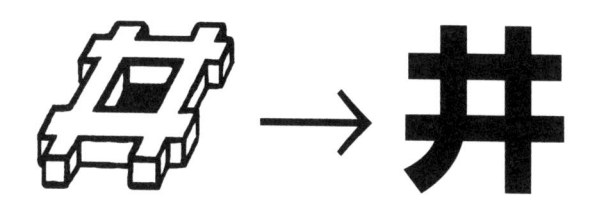

WELL
[i]

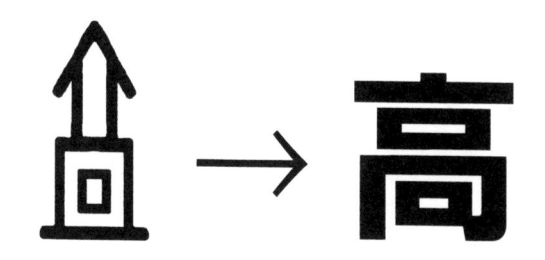

tall building → **HIGH, TALL**
[taka-i]

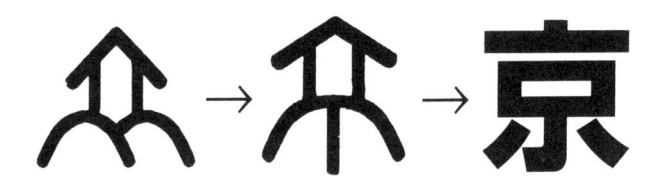

a tall building in
the mountains

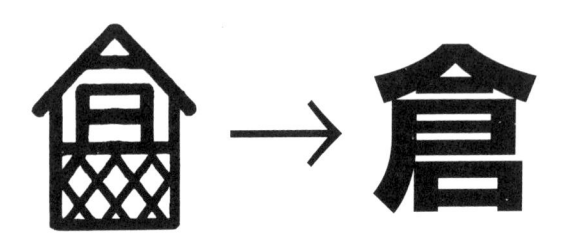

CAPITAL

[kyō]

TREASURE HOUSE, WAREHOUSE

[kura]

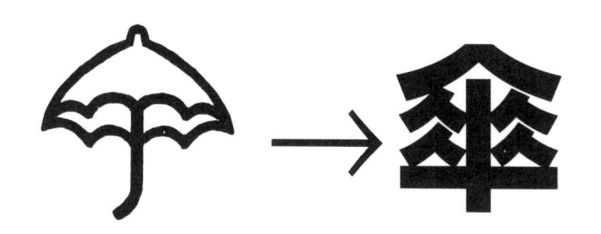

UMBRELLA
[kasa]

SING, SONG
[uta]

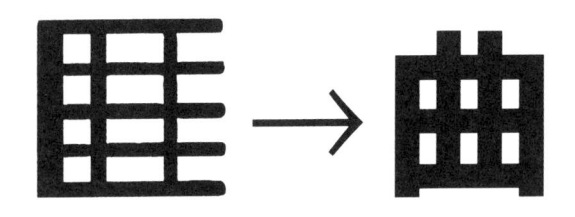

music score → **TUNE**
[kyoku]

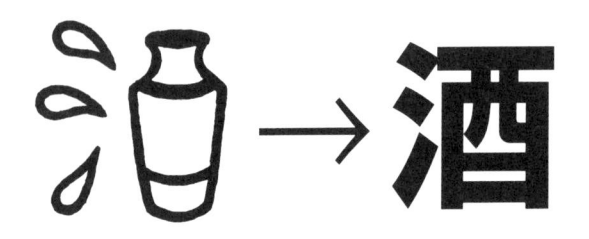

sake container → **ALCOHOL**
[sake]

sickle and trident

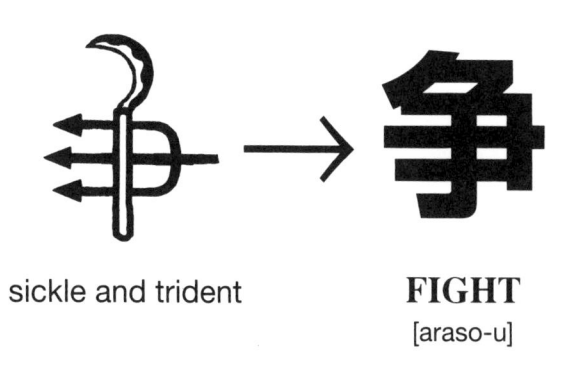

FIGHT
[araso-u]

SECTION 2

INTEGRATION
of two or more characters

NOTE:

When used as part of another character,

(水 often becomes 氵)
(人 often becomes 亻)
(手 often becomes 扌)
(心 often becomes 忄)

Boldface type in small letters indicates that the translation was introduced in SECTION 1.

Italic type indicates the extended translation, adapted from the original translation in SECTION 1.

Numerals refer to the page on which the character was introduced.

日 + 月 → 明
20　　　20

sun　　　**moon**　　　**BRIGHT**
　　　　　　　　　　　　[aka-rui]

日 + 立 + 日 → 暗
20　　67　　20

stand in front of the **sun**　　**DARK**
　　　　　　　　　　　　　　　　[kura-i]

日 + 生 → 星
20　　60

newly **born sun**,　　　**STAR**
the seed of a sun　　　[hoshi]

93

門 + 日 → 間

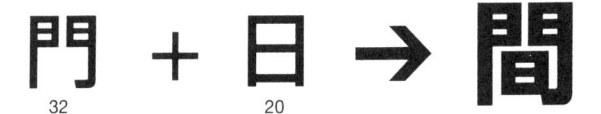

32   20

from the crack in the **gate**,
be able to see the **sun**

BETWEEN
[aida]

門 + 耳 → 聞

32   42

put an **ear** on the crack
in the **gate**

**LISTEN,
HEAR**
[ki-ku]

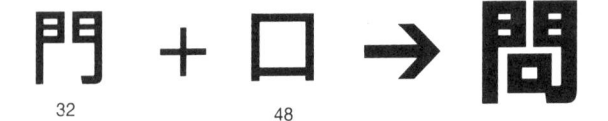

門 + 口 → 問

32   48

call from the **gate**

**ASK,
QUESTION**
[to-u]

口 + 未 → 味

48   62

food is in one's **mouth** and has **not yet** reached one's stomach

TASTE
[aji]

口 + 鳥 → 鳴

48   36

mouth   **bird**

BIRDSONG, RINGING
[na-ku]

口 + 犬 → 吠

48   34

mouth   **dog**

BARK
[ho-eru]

戸 + 犬 → 戻

32   34

our **dog** is at the **door**

COME BACK, RETURN
[modo-ru]

女 + 子 → 好

69   65

the feeling a **woman** has when taking care of her child

LIKE, LOVE
[su-ku]

女 + 未 → 妹

69   62

new **female** sibling

YOUNGER SISTER
[imōto]

亡 + 女 → 妄
72   69

lose oneself
because of **women**

FANTASY,
ILLUSION
[mō]

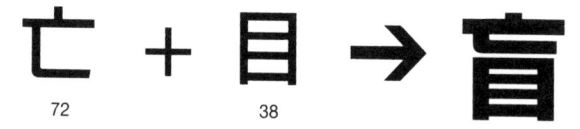

亡 + 目 → 盲
72   38

lose one's *sight*

BLIND
[mō]

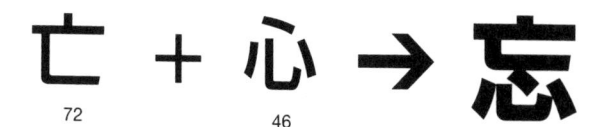

亡 + 心 → 忘
72   46

what one wants to do
when one **loses** one's **heart**

FORGET,
OBLIVION
[wasu-reru]

串 + 心 → 患
51　　46

stab a **stick** into one's **heart**

SUFFER
[wazura-u]

刃 + 心 → 忍
78　　46

a **blade** against the **heart**

TOLERATE, PUT UP WITH
[shino-bu]

非 + 心 → 悲
82　　46

negative state of the **heart**

SAD
[kana-shii]

人 + 非 → 俳
26   82

a **person** who does *unusual* things

PERFORMER
[hai]

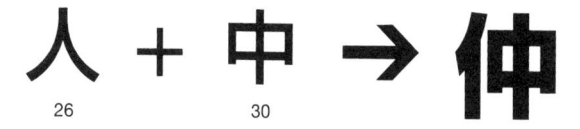

人 + 中 → 仲
26   30

relationship *between* **people**

FRIENDSHIP
[naka]

人 + 足 → 促
26   47

push a **person** using strong **legs**

IMPEL, INDUCE
[unaga-su]

人 + 言 → 信
26   49

what one does when listening to an other **person's** *words*

BELIEVE, TRUST
[shin-jiru]

人 + 本 → 体
26   61

basis of a **human** being

BODY
[karada]

人 + 立 → 位
26   67

where a **person stands**

POSITION
[kurai]

人 + 半 → 伴
26　　79

a **person's** better **half**

ACCOMPANY
[tomona-u]

人 + 木 → 休
26　　11

a **person** leaning
against a **tree**

REST
[yasu-mu]

木 + 直 → 植
11　　40

place a **tree** in
a **straight** position

TO PLANT
[u-eru]

木 + 古 → 枯
11　　81

old dying **tree**

WITHER
[ka-reru]

木 + 斤 → 析
11　　80

cut a **tree** with an **axe**
and look inside

ANALYZE
[seki]

手 + 斤 → 折
45　　80

use an **axe**
with one's **hand**

**BREAK,
BENT**
[o-ru]

手 + 石 → 拓
45   17

use **hands** to
remove **stones**

PIONEER
[taku]

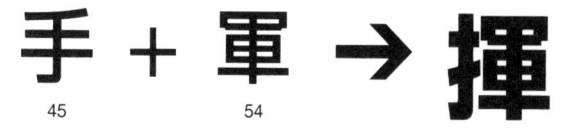

手 + 軍 → 揮
45   54

use one's **hands**
to control the *troops*

**COMMAND,
CONDUCT**
[ki]

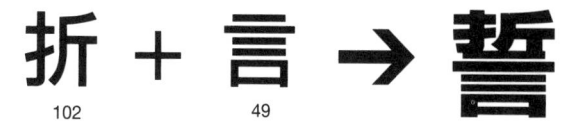

折 + 言 → 誓
102   49

bend one's elbow and
make a statement

SWEAR (as in
to tell the truth)
[chika-u]

言 + 平 → 評
49   30

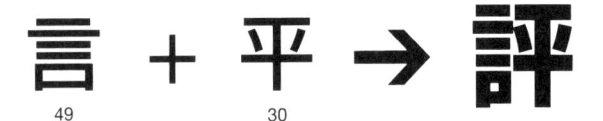

say something **flat** out

COMMENT, CRITICIZE
[hyō]

言 + 公 → 訟
49   83

say something in **public**

DEBATE (in court), SUE
[shō]

言 + 舌 → 話
49   48

say something using the **tongue**

STORY, TALK
[hanashi]

水 + 舌 → 活
18 48

water on **tongue**
→talkative

LIVELY, VIVID
[katsu]

水 + 日 + 皿 → 温
18 20 52

water under the **sun** is evaporating from a **plate**

WARM
[atata-kai]

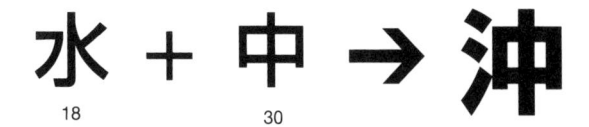

水 + 中 → 沖
18 30

middle of the *sea*

OFFSHORE
[oki]

水 + 魚 → 漁
18   35

catch **fish** in the **water**

TO FISH
(as a job)
[ryō]

魚 + 京 → 鯨
35   86

capital fish

WHALE
[kujira]

魚 + 羊 → 鮮
35   33

fish and *meat* at stores should be...

FRESH
[sen]

羊 + 大 → 美
33   27

large, fat and rich **sheep**

BEAUTIFUL
[utsuku-shii]

山 + 灰 → 炭
14   13

mountain   **ash**

COAL
[sumi]

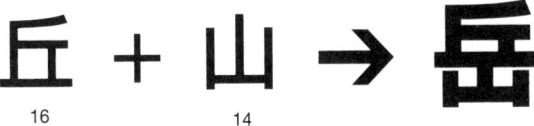

丘 + 山 → 岳
16   14

hill   **mountain**

HIGH MOUNTAIN
[take]

山 + 石 → 岩
14　　17

mountain　　stone　　　　ROCK
　　　　　　　　　　　　[iwa]

石 + 少 → 砂
17　　28

stone of small volume　　SAND
　　　　　　　　　　　　[suna]

少 + 力 → 劣
28　　77

less　　power　　　　INFERIOR
　　　　　　　　　　　[oto-ru]

田 + 力 → 男
59   77

the **power**
of the **rice field**

MALE
[otoko]

火 + 田 → 畑
12   59

dried **rice field**

VEGETABLE FIELD
[hatake]

田 + 介 → 界
59   71

intermediate thing
between **rice field**

BORDER, BORDERED AREA
[kai]

田 + 土 → 里
59   25

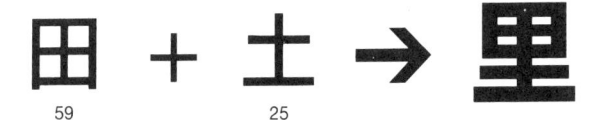

rice field and land (=**soil**)

VILLAGE
[sato]

心 + 生 → 性
46   60

a **heart** which a person has by *nature*

CHARACTER, PROPERTY
[sei]

牛 + 生 → 牲
33   60

a **living cow** for God

SACRIFICE
[sei]

米 + 分 → 粉

rice *ground into small pieces*

POWDER
[kona]

分 + 貝 → 貧

a family **cut** one **calm** into pieces

POOR
[mazu-shii]

白 + 水 → 泉

where **white** (=fresh) **water** rises

FOUNTAIN
[izumi]

弓 + 長 → 張
50　　57

a **bow** is pulled **long**

TENSION, TENSE
[ha-ru]

SECTION 3

—idioms—
COMBINATION
of two or more characters

火山 ka-zan	**VOLCANO**	12, 14
火口 ka-kō	**CRATER**	12, 48
火炎 ka-en	**BLAZE, FLAME**	12, 13
鼻炎 bi-en	**NASAL INFLAMMATION**	42, 13
口内炎 kō-nai-en	**MOUTH INFLAMMATION, CANKER SORE**	48, 70, 13

灰皿	**ASHTRAY**	
hai-zara	13, 52	
火災	**FIRE** (as in accident)	
ka-sai	12, 14	
人災	**MAN-MADE DISASTER**	
jin-sai	26, 14	
天災	**NATURAL DISASTER**	
ten-sai	27, 14	
出火	**A FIRE BROKEN OUT**	
shukka	15, 12	

出土 shutsu-do	**FINDING RELICS FROM THE GROUND**	15, 25
出庫 shukko	**PULL A CAR OUT OF A GARAGE**	15, 55
出馬 shutsu-ba	(riding a **horse** and **going out** to the battlefield) ↓ **RUNNING FOR ELECTION**	15, 35
出口 de-guchi	**EXIT**	15, 48
入口 iri-guchi	**ENTRANCE**	26, 48

出生 shusshō	**BIRTH** 15, 60	
人出 hito-de	**CROWD** 26, 15	
砂丘 sa-kyū	**DUNE** 108, 16	
岩石 gan-seki	**ROCK** 108, 17	
小川 o-gawa	**BROOK, STREAM** 28, 17	

川上	**UPSTREAM**	
kawa-kami	17, 29	
川下	**DOWNSTREAM**	
kawa-shimo	17, 29	
雨水	**RAINWATER**	
ama-mizu	19, 18	
小雨	**DRIZZLE, LIGHT RAIN**	
ko-same	28, 19	
水中	**UNDER WATER**	
sui-chū	18, 30	

水車	**WATERWHEEL**	
sui-sha	18, 54	
水田	**PADDY FIELD**	
sui-den	18, 59	
氷水	**WATER WITH ICE CUBES, ICE WATER**	
kōri-mizu	19, 18	
氷山	**ICEBERG**	
hyō-zan	19, 14	
夕日	**SUNSET**	
yū-hi	21, 20	

休日	**HOLIDAY**	
kyū-jitsu	101, 20	
日光	**SUNLIGHT**	
nikkō	20, 24	
月光	**MOONLIGHT**	
gekkō	20, 24	
月日	(months and days) ↓ **THE PASSAGE OF TIME**	
tsuki-hi	20, 20	
多少	**MORE OR LESS**	
ta-shō	21, 28	

白鳥	**SWAN**	
haku-chō	22, 36	
白目	**WHITE PART OF THE EYE**	
shiro-me	22, 38	
黒目	**BLACK PART OF THE EYE** (dark iris and pupil)	
kuro-me	59, 38	
白黒	**BLACK-AND-WHITE, MONOCHROME**	
shiro-kuro	22, 59	
白金	**PLATINUM**	
hakkin	22, 25	

白昼	**(IN BROAD) DAYLIGHT**	
haku-chū	22, 22	
白米	**WHITE RICE**	
haku-mai	22, 56	
明白	**APPARENT**	
mei-haku	93, 22	
東京	(locating **east** from original Japanese **capital** Kyoto) ↓ **TOKYO**	
tō-kyō	23, 86	
中東	**MIDDLE EAST**	
chū-tō	30, 23	

土砂 do-sha	**SOIL AND SAND**	25, 108
砂金 sa-kin	**GOLD DUST**	108, 25
大金 tai-kin	**A LARGE AMOUNT OF MONEY**	27, 25
入手 nyū-shu	**OBTAIN, AVAILABLE**	26, 45
白人 haku-jin	**WHITE PEOPLE**	22, 26

黒人 koku-jin	**BLACK PEOPLE** 59, 26	
軍人 gun-jin	**SOLDIER, MILITARY MAN** 54, 26	
囚人 shū-jin	**PRISONER** 70, 26	
盲人 mō-jin	**VISUALLY IMPAIRED** 97, 26	
美人 bi-jin	**BEAUTIFUL WOMAN** 107, 26	

大人	**ADULT**	
otona	27, 26	
小人	**CHILD, FAIRY-TALE DWARF**	
ko-bito	28, 26	
大小	**SIZE**	
dai-shō	27, 28	
雨天	**RAINY WEATHER**	
u-ten	19, 27	
炎天下	**UNDER THE BURNING (SCORCHING) SUN**	
en-ten-ka	13, 27, 29	

先天 sen-ten	(nature provided by **heaven prior** to birth) ↓ **INNATE, CONGENITAL** 71, 27	
上京 jō-kyō	**COME UP TO TOKYO, MOVE TO TOKYO** 29, 86	
炎上 en-jō	**GO UP IN FLAMES** 13, 29	
下火 shita-bi	(**down** → decrease) (**fire** → fever) (**a phenomenon**) **LOSING ITS POPULARITY** 29, 12	
下山 ge-zan	**DESCENDING A MOUNTAIN** 29, 14	

下見 shita-mi	(**down** → base, background) ↓ **CHECK THE PLACE BEFOREHAND**	29, 39
日中 nicchū	**DAYTIME**	20, 30
水平 sui-hei	(**flat** line of **water**) ↓ **HORIZONTAL**	18, 30
平日 hei-jitsu	(**flat** → nothing special) ↓ **WEEKDAY**	30, 20
平行 hei-kō	(two *extending* **flat** lines that never cross) ↓ **PARALLEL**	30, 83

中止	**PAUSE**	
chū-shi	30, 31	
休止	**REST**	
kyū-shi	101, 31	
木工	**WOODWORK, WOODCRAFT**	
mokkō	11, 31	
大工	(*great* **engineer**) ↓ **CARPENTER**	
dai-ku	27, 31	
人工	**MAN-MADE, ARTIFICIAL**	
jin-kō	26, 31	

入門 nyū-mon	(**gate** → entrance of a field) ↓ **INTRODUCTION TO A FIELD OF STUDY** 26, 32	
門出 kado-de	(**going out** of the **gate** of one's house) ↓ **STARTING A NEW LIFE** 32, 15	
山羊 ya-gi	**GOAT** 14, 33	
金魚 kin-gyo	**GOLDFISH** 25, 35	
人魚 nin-gyo	**MERMAID** 26, 35	

鳥目 tori-me	(cannot *see* at night like **birds**) ↓ **NIGHT BLINDNESS**	36, 38
回虫 kai-chū	(a *circulating* **worm** in one's innards) ↓ **ROUNDWORM**	24, 37
毛虫 ke-mushi	**CATERPILLAR**	45, 37
人目 hito-me	**OTHERS' ATTENTION, PEOPLE'S ATTENTION**	26, 38
目上 me-ue	**SENIOR, SUPERIOR**	38, 29

曲目 kyoku-moku	(**eye** → look → index) ↓ **TITLE OF THE SONG, LIST OF THE SONGS** 88, 38	
眉間 mi-ken	**THE AREA BETWEEN ONE'S EYEBROWS** (where you make a frown) 39, 94	
見聞 ken-bun	**KNOWLEDGE, EXPERIENCE** 39, 94	
味見 aji-mi	(**look** → check) ↓ **TRY THE TASTE OF** 95, 39	
直行 chokkō	**GO DIRECT TO, NON-STOP** 40, 83	

直面	**CONFRONT**	
choku-men	40, 41	
直立	**STAND UP STRAIGHT**	
choku-ritsu	40, 67	
月面	**SURFACE OF THE MOON**	
getsu-men	20, 41	
水面	**WATER'S SURFACE**	
sui-men	18, 41	
平面	**FLAT SURFACE**	
hei-men	30, 41	

鼻毛	**NOSTRIL HAIR**	
hana-ge	42, 45	
鼻血	**NOSEBLEED**	
hana-ji	42, 52	
鼻水	**MUCUS FROM A RUNNING NOSE (SNOT)**	
hana-mizu	42, 18	
背中	**BACK** (as in body part)	
se-naka	43, 30	
背骨	**BACKBONE, SPINE**	
se-bone	43, 44	

骨太 hone-buto	(to have **flat bones**) ↓ **STOUT, ROBUST**	44, 68
犬歯 ken-shi	**DOGTOOTH, CANINE TOOTH**	34, 44
羊毛 yō-mō	**WOOL**	33, 45
羽毛 u-mō	**FEATHER, DOWN**	36, 45
上手 jō-zu	**SKILLFUL**	29, 45

下手	**UNSKILLFUL, CLUMSY, AWKWARD**	
heta	29, 45	
口下手	**UNSKILLFUL SPEAKER, NON-FLUENT**	
kuchi-beta	48, 29, 45	
大手	**MAJOR COMPANY IN THE MARKET**	
ō-te	27, 45	
人手	**HELPING HAND**	
hito-de	26, 45	
手足	**HANDS AND FEET**	
te-ashi	45, 47	

土足 do-soku	**ENTERING A HOUSE WITH ONE'S SHOES ON** 25, 47	
足首 ashi-kubi	**ANKLE** 47, 41	
小心 shō-shin	**COWARD** 28, 46	
下心 shita-gokoro	**SECRET DESIRE, ILL-INTENTIONED** 29, 46	
男心 otoko-gokoro	**MALE INSTINCTS** 109, 46	

女心 onna-gokoro	**A WOMAN'S HEART, FEMALE PSYCHOLOGY**	69, 46
中心 chū-shin	**CENTER, HUB, CORE**	30, 46
本心 hon-shin	**DEEP DOWN, REAL INTENTION**	61, 46
信心 shin-jin	**PIETY, DEVOTION**	100, 46
糸口 ito-guchi	(to *start* of a **thread**) ↓ **BEGINNING, CLUE**	56, 48

甘口 ama-kuchi	**NOT SPICY, SWEET TASTE (FLAVOR)** 49, 48
東口 higashi-guchi	**EAST EXIT** 23, 48
西口 nishi-guchi	**WEST EXIT** 23, 48
小言 ko-goto	(*mentioning* **trivial** things) ↓ **FAULT-FINDING, SCOLDING** 28, 49
金言 kin-gen	(**golden saying**) ↓ **MAXIM** 25, 49

明言	**COMMITMENT, DECLARE**	
mei-gen	93, 49	
弓矢	**BOW-AND-ARROW, ARCHERY**	
yumi-ya	50, 51	
引火	(**draw** → attract, induce) ↓ **IGNITE, CATCH FIRE**	
in-ka	50, 12	
出血	**BLEED, HEMORRHAGE**	
shukketsu	15, 52	
止血	**STOP BLEEDING, HEMOSTASIS**	
shi-ketsu	31, 52	

乗車	**GET ON A TRAIN,**	
	GET IN A CAR	
jō-sha	64, 54	
下車	**GET OFF A TRAIN,**	
	GET OUT OF A CAR	
ge-sha	29, 54	
馬車	**HORSE CARRIAGE**	
ba-sha	35, 54	
肩車	**CARRY SOMEONE ON**	
	THE SHOULDERS	
kata-guruma	43, 54	
歯車	**GEAR**	
ha-guruma	44, 54	

車体	**BODY OF A CAR**	
sha-tai	54, 100	
車内	**INSIDE OF A CAR / TRAIN**	
sha-nai	54, 70	
大軍	**ARMY OF A LARGE NUMBER OF SOLDIERS**	
tai-gun	27, 54	
車庫	**GARAGE**	
sha-ko	54, 55	
金庫	**SAFE (for money)**	
kin-ko	25, 55	

倉庫	**WAREHOUSE**	
sō-ko	86, 55	
生卵	**RAW EGG**	
nama-tamago	60, 57	
卵白	**EGG WHITE**	
ran-paku	57, 22	
首長	**CHIEF, HEADMAN**	
shu-chō	41, 57	
学長	**HEAD OF A UNIVERSITY /SCHOOL**	
gaku-chō	65, 57	

長女 chō-jo	**ELDEST DAUGHTER**	57, 69
長男 chō-nan	**ELDEST SON**	57, 109
明示 mei-ji	**INDICATE CLEARLY, MANIFEST**	93, 60
暗示 an-ji	**SUGGESTION, IMPLICATION**	93, 60
生魚 nama-zakana	**RAW FISH**	60, 35

学生	(a person who **lives** mainly by **studying**) ↓ **STUDENT**	
gaku-sei	65, 60	
大学生	**UNIVERSITY STUDENT**	
dai-gaku-sei	27, 65, 60	
中学生	**JUNIOR-HIGH-SCHOOL STUDENT**	
chū-gaku-sei	30, 65, 60	
小学生	**ELEMENTARY-SCHOOL STUDENT**	
shō-gaku-sei	28, 65, 60	
中高生	**JUNIOR-AND-SENIOR-HIGH-SCHOOL STUDENT**	
chū-kō-sei	30, 85, 60	

先生 sen-sei	(one who was **born** *before*, supposed to know a lot) ↓ **TEACHER**	71, 60
人生 jin-sei	**LIFE**	26, 60
共生 kyō-sei	**SYMBIOSIS**	82, 60
生活 sei-katsu	**LIFE, LIVING**	60, 105
日本 ni-hon/nippon	(seen from China, Japan is located east → **original** place of **sun** rising) **JAPAN**	20, 61

本日 hon-jitsu	(**origin** → very thing) ↓ **TODAY**	61, 20
本体 hon-tai	**MAIN BODY**	61, 100
本人 hon-nin	**THE PERSON HIMSELF/HERSELF**	61, 26
手本 te-hon	(**origin** → standard) ↓ **EXAMPLE, MODEL**	45, 61
見本 mi-hon	**SAMPLE**	39, 61

月末	**THE END OF THE MONTH**	
getsu-matsu	20, 61	
未明	**BEFORE DAWN**	
mi-mei	62, 93	
未亡人	(a *woman* whose husband **died** before her) ↓ **WIDOW**	
mi-bō-jin	62, 72, 26	
卵巣	**OVARY**	
ran-sō	57, 63	
古巣	**THE PLACE ONE USED TO LIVE OR WORK**	
furu-su	81, 63	

集金	**COLLECTING MONEY**	
shū-kin	64, 25	
集中	(**gathering** to the **center**) ↓ **CONCENTRATION**	
shū-chū	64, 30	
乗馬	**HORSE RIDING**	
jō-ba	64, 35	
女子	**FEMALE** (especially referring to student)	
jo-shi	69, 65	
男子	**MALE** (especially referring to student)	
dan-shi	109, 65	

黒子 hokuro	(*little* **black** spot) ↓ **MOLE** 59, 65	
大学 dai-gaku	**UNIVERSITY** 27, 65	
中学 chū-gaku	**JUNIOR HIGH SCHOOL** 30, 65	
小学 shō-gaku	**ELEMENTARY SCHOOL** 28, 65	
入学 nyū-gaku	**ENTERING A SCHOOL, SCHOOL ENROLLMENT** 26, 65	

休学	**TEMPORARY ABSENCE FROM SCHOOL**	
kyū-gaku	101, 65	
見学	**FIELD TRIP**	
ken-gaku	39, 65	
学位	**DEGREE** (e.g. Ph.D.)	
gaku-i	65, 100	
学問	**STUDY, BRANCH OF STUDY**	
gaku-mon	65, 94	
学内	**ON CAMPUS**	
gaku-nai	65, 70	

光学	**OPTICS**	
kō-gaku	24, 65	
小児	**CHILD, INFANT, PEDIATRICS** (at a hospital)	
shō-ni	28, 66	
女児	**GIRL**	
jo-ji	69, 66	
男児	**BOY**	
dan-ji	109, 66	
木立	**GROVE**	
ko-dachi	11, 67	

夕立	**SHOWER THAT FALLS IN THE EVENING**	
yū-dachi	21, 67	
中立	(**stand** in the **middle**) ↓ **NEUTRAL** (as in war)	
chū-ritsu	30, 67	
父母	**PARENTS**	
fu-bo	68, 69	
母子	**MOTHER AND CHILD**	
bo-shi	69, 65	
母体	**MOTHER'S BODY**	
bo-tai	69, 100	

生母	**BIOLOGICAL MOTHER**	
sei-bo	60, 69	
少女	**LITTLE GIRL**	
shō-jo	28, 69	
内面	**INSIDE, MENTAL ASPECT**	
nai-men	70, 41	
内心	**IN ONE'S TRUE HEART, INWARDLY**	
nai-shin	70, 46	
介入	**INTERVENTION**	
kai-nyū	71, 26	

仲介 chū-kai	**MEDIATION, INTERMEDIATION**	99, 71
仲介人 chū-kai-nin	**BROKER**	99, 71, 26
先人 sen-jin	**FORERUNNER, PREDECESSOR**	71, 26
先日 sen-jitsu	(prior day) ↓ **THE OTHER DAY**	71, 20
先月 sen-getsu	**LAST MONTH**	71, 20

先見 sen-ken	**FORESIGHT** 71, 39	
先手 sen-te	**THE FIRST MOVE** 71, 45	
手先 te-saki	(**ahead** → tip, top) ↓ **FINGERS, THE USE OF FINGERS** 45, 71	
口先 kuchi-saki	**SUPERFICIAL WORDS** 48, 71	
舌先 shita-saki	**THE TIP OF THE TONGUE** 48, 71	

爪先	**TIPTOE**	
tsuma-saki	46, 71	
目先	**IMMEDIATE FUTURE**	
me-saki	38, 71	
行先	**DESTINATION**	
yuki-saki	83, 71	
競走	**RUNNING RACE**	
kyō-sō	72, 47	
競馬	**HORSE RACING**	
kei-ba	72, 35	

何月 nan-gatsu	**WHAT MONTH?** 73, 20	
何日 nan-nichi	**WHAT DAY?** **HOW MANY DAYS?** 73, 20	
何分 nan-fun/pun	**WHAT TIME?** **HOW MANY MINUTES?** 73, 79	
何人 nan-nin	**HOW MANY PEOPLE?** 73, 26	
何回 nan-kai	**HOW MANY TIMES?** 73, 24	

保母 ho-bo	**NURSERY SCHOOL, TEACHER** 74, 69
化学 ka-gaku	**CHEMISTRY** 74, 65
生化学 sei-ka-gaku	**BIOCHEMISTRY** 60, 74, 65
化石 ka-seki	**FOSSIL** 74, 17
分化 bun-ka	**DIFFERENTIATION, SPECIALIZATION** 79, 74

少子化 shō-shi-ka	**DECREASE IN THE NUMBER OF CHILDREN DUE TO LOW BIRTHRATE**	28, 65, 74
双子 futa-go	**TWINS**	75, 65
火力 ka-ryoku	**HEAT OF THE STOVE, THERMAL POWER**	12, 77
人力 jin-riki/ryoku	**MAN POWER**	26, 77
馬力 ba-riki	**HORSEPOWER**	35, 77

体力	**PHYSICAL STRENGTH**	
tai-ryoku	100, 77	
引力	**ATTRACTION, GRAVITY**	
in-ryoku	50, 77	
非力	**INCOMPETENT**	
hi-riki	82, 77	
学力	**ACADEMIC ACHIEVEMENT**	
gaku-ryoku	65, 77	
力学	**DYNAMICS, MECHANICS**	
riki-gaku	77, 65	

協力	**COOPERATION**	
kyō-ryoku	77, 77	
活力	**VITALITY**	
katsu-ryoku	105, 77	
力走	**POWERFUL RUNNING, SPURT**	
riki-sō	77, 47	
小刀	**SMALL KNIFE**	
ko-gatana	28, 78	
水分	**MOISTURE**	
sui-bun	18, 79	

分析	**ANALYSIS**	
bun-seki	79, 102	
分子	**MOLECULE, NUMERATOR**	
bun-shi	79, 65	
分母	**DENOMINATOR**	
bun-bo	79, 69	
半日	**HALF DAY**	
han-nichi	79, 20	
半月	**HALF A MONTH**	
han-tsuki	79, 20	

半生	**HALF ONE'S LIFE, ONE'S LIFE UP TO THIS DAY**	
han-sei	79, 60	
半面	**ONE SIDE OF AN EVENT, THE OTHER SIDE**	
han-men	79, 41	
大半	**MORE THAN HALF, MOST PART**	
tai-han	27, 79	
片目	**ONE-EYED, LOOK WITH ONE EYE**	
kata-me	80, 38	
片手	**ONE-HANDED**	
kata-te	80, 45	

片言 kata-koto	(**piece** → incomplete) ↓ **BABBLING** 80, 49
木片 moku-hen	**WOOD CHIP, WOOD BLOCK** 11, 80
古米 ko-mai	**OLD RICE** 81, 56
古本 furu-hon	(**origin** → source of knowledge → book) **USED BOOK, SECONDHAND BOOK** 81, 61
中古 chū-ko	(**middle** → somewhat) ↓ **USED, SECOND HAND** 30, 81

中古車 chū-ko-sha	**USED CAR**	30, 81, 54
血行 kekkō	**BLOOD CIRCULATION**	52, 83
非行 hi-kō	(**go** → activity) ↓ **DELINQUENCY**	82, 83
行間 gyō-kan	(**go** → a line of a book page) ↓ **SPACE BETWEEN LINES, (READ) BETWEEN LINES**	83, 94
公立 kō-ritsu	**PUBLICLY FOUNDED** (e.g. public school, public library)	83, 67

公平 kō-hei	**FAIR**	83, 30
公言 kō-gen	**DECLARE, PROFESS**	83, 49
公示 kō-ji	**PUBLIC ANNOUNCEMENT**	83, 60
公共 kō-kyō	**PUBLIC** (e.g. public facility, public service)	83, 82
天井 ten-jō	(wooden house frame in the shape of **well**) ↓ **CEILING**	27, 85

日傘 hi-gasa	**PARASOL, SUNSHADE** 20, 87	
傘下 san-ka	**UNDER THE INFLUENCE OF** (as in small companies under a large capital) 87, 29	
歌手 ka-shu	**SINGER** 87, 45	
日本酒 ni-hon-shu	**JAPANESE SAKE (RICE WINE)** 20, 61, 88	
競争 kyō-sō	**COMPETITION** 72, 89	

明日 asu/ashita	(**bright** → new) ↓ **TOMORROW** 93, 20	
明暗 mei-an	**LIGHT AND DARKNESS, FORTUNATE AND UNFORTUNATE** 93, 93	
暗黒 an-koku	**DARKNESS** (as in era, town) 93, 59	
火星 ka-sei	**MARS** 12, 93	
水星 sui-sei	**MERCURY** 18, 93	

木星	**JUPITER**	
moku-sei	11, 93	
金星	**VENUS**	
kin-sei	25, 93	
土星	**SATURN**	
do-sei	25, 93	
火星人	**MARTIAN**	
ka-sei-jin	12, 93, 26	
谷間	**GORGE, VALLEY**	
tani-ma	16, 94	

中間	**IN BETWEEN, INTERMEDIATE**	
chū-kan	30, 94	
仲間	**FRIEND, COMRADE**	
naka-ma	99, 94	
昼間	**DAY TIME**	
hiru-ma	22, 94	
人間	**HUMAN BEING**	
nin-gen	26, 94	
大味	**MONOTONOUS FLAVOR, TASTELESS**	
ō-aji	27, 95	

甘味	**SWEET TASTE**	
kan-mi	49, 95	
人間味	**HUMAN TOUCH, HUMANE**	
nin-gen-mi	26, 94, 95	
共鳴	**RESONANCE, SYMPATHY**	
kyō-mei	82, 95	
悲鳴	**SCREAM, SHRIEK**	
hi-mei	98, 95	
好評	**FAVORABLE COMMENT, GOOD REPUTATION**	
kō-hyō	96, 104	

俳人 hai-jin	**PERSON WHO LIVES MAKING "HAIKU", POET**	99, 26
仲人 nakōdo	**MATCHMAKER (OF MARRIAGES)**	99, 26
入信 nyū-shin	**JOIN A RELIGIOUS SECT**	26, 100
盲信 mō-shin	**BLIND BELIEF**	97, 100
人体 jin-tai	**HUMAN BODY**	26, 100

上体	**UPPER BODY**	
jō-tai	29, 100	
体内	**INTERNAL BODY**	
tai-nai	100, 70	
天体	**HEAVENLY BODY, CELESTIAL BODY**	
ten-tai	27, 100	
固体	**SOLID BODY**	
ko-tai	81, 100	
水位	**WATER LEVEL**	
sui-i	18, 100	

上位	**HIGHER RANK, SUPERIOR**	
jō-i	29, 100	
下位	**LOWER RANK, INFERIOR**	
ka-i	29, 100	
首位	**HEAD POSITION, FIRST PLACE**	
shu-i	41, 100	
植木	**TREE PLANTED IN THE GARDEN**	
ue-ki	101, 11	
植林	**AFFORESTATION**	
shoku-rin	101, 11	

植毛	**HAIR IMPLANT**	
shoku-mō	101, 45	
田植	**RICE-PLANTING**	
ta-ue	59, 101	
入植	("planting" people → colony) **IMMIGRATION INTO A COLONY**	
nyū-shoku	26, 101	
枯木	**DEAD TREE**	
kare-ki	102, 11	
折半	**DIVIDE INTO TWO HALVES, GO FIFTY-FIFTY**	
seppan	102, 79	

手話 shu-wa	**HAND LANGUAGE, SIGN LANGUAGE** 45, 104	
小話 ko-banashi	**SHORT STORY** 28, 104	
長話 naga-banashi	**LONG TALK** 57, 104	
高温 kō-on	(**warm** → degree of warmth → temperature) ↓ **HIGH TEMPERATURE** 85, 105	
体温 tai-on	**BODY TEMPERATURE** 100, 105	

保温 ho-on	**MAINTAIN A CERTAIN TEMPERATURE, KEEP WARM**	74, 105
水温 sui-on	**WATER TEMPERATURE**	18, 105
温水 on-sui	**WARM WATER**	105, 18
温泉 on-sen	**HOT SPRING, SPA**	105, 111
大漁 tai-ryō	**CATCH A LARGE AMOUNT OF FISH**	27, 106

鮮魚	**FRESH FISH**	
sen-gyo	106, 35	
鮮血	**FRESH BLOOD**	
sen-ketsu	106, 52	
鮮明	**(VISUALLY) VIVID**	
sen-mei	106, 93	
美女	**BEAUTIFUL WOMAN**	
bi-jo	107, 69	
美男	**HANDSOME MAN**	
bi-nan	107, 109	

美化 bi-ka	**BEAUTIFY, GLORIFY**	107, 74
美学 bi-gaku	**AESTHETIC**	107, 65
木炭 moku-tan	**CHARCOAL**	11, 107
石炭 seki-tan	**COAL**	17, 107
石灰 sekkai	**LIME**	17, 13

山岳	**MOUNTAINS, ALPINE**	
san-gaku	14, 107	
下劣	**VULGAR, MEAN** (person)	
ge-retsu	29, 108	
劣化	**DETERIORATION**	
rekka	108, 74	
大男	**LARGE MAN, GIANT**	
ō-otoko	27, 109	
男女	**MAN AND WOMAN**	
dan-jo	109, 69	

田畑 ta-hata	**RICE FIELD AND VEGETABLE FIELD, FIELDS FOR AGRICULTURE**	59, 109
母性 bo-sei	**MOTHERHOOD, MATERNITY**	69, 110
天性 ten-sei	(**property** given by **heaven**) ↓ **APTITUDE, NATURE**	27, 110
本性 hon-shō	(**original** → true) ↓ **ONE'S TRUE CHARACTER**	61, 110
水性 sui-sei	**WATER-SOLUBLE**	18, 110

中性	**NEUTRAL** (neither acid nor alkali)	
chū-sei	30, 110	
女性	**FEMALE**	
jo-sei	69, 110	
男性	**MALE**	
dan-sei	109, 110	
貧血	**ANEMIA**	
hin-ketsu	111, 52	
活性化	**ACTIVATE**	
kassei-ka	105, 110, 74	

貧困 POVERTY
hin-kon 111, 62

APPENDIX

1. Keys to further study

短 short 長 long	内 inside 外 outside	高 high 低 low

北 north 西 west　東 east 南 south	春 spring 冬 winter　夏 summer 秋 fall

母 mother 父 father	姉 elder sister 兄 elder brother	妹 younger sister 弟 younger brother

2. Keys to further study—numbers

1	一	11	十一
2	二	12	十二
3	三	20	二十
4	四	100	百
5	五	101	百一
6	六	110	百十
7	七	200	二百
8	八	1,000	一千
9	九	10,000	一万
10	十		

INDEX

In this index, the characters are arranged simply by the number of lines in the character, not by the number of real strokes. For example, 口 (mouth) is categorized in '4 lines' in this index, but it is written with 3 strokes in proper orthography.

■2 LINES■
入 **26**, 117, 124, 130, 150, 154, 173, 176
人 **26**, 116, 118, 124-6, 129-31, 136, 146-48, 155, 158, 160, 170-3

■3 LINES■
川 **17**, 118, 119
土 **25**, 117, 124, 137,170
大 **27**, 124, 126, 129, 136, 142, 145, 150, 164, 171, 178, 181

小 **28**, 118, 119, 126, 137, 139, 145, 150, 152, 162, 177
上 **29**, 119, 127, 131, 135,174, 175
下 **29**, 119, 126-8,136, 137, 141, 168, 175, 181
工 **31**, 129
亡 **72**, 148
力 **77**, 160-2
刀 **78**, 162

■4 LINES■

木 **11**, 129, 152, 165, 170, 175, 176, 180
火 **12**, 115, 116, 127, 140, 160, 169, 170
山 **14**, 115, 120, 127, 130, 181
夕 **21**, 120, 153
天 **27**, 116, 126, 127, 167, 174, 182
少 **28**, 121, 154, 160
止 **31**, 129, 140
牛 **33**
犬 **34**, 135
毛 **45**, 131, 134, 135, 176
手 **45**, 124, 135, 136, 147, 156, 164, 168, 177
爪 **46**, 157
心 **46**, 137, 138, 154
口 **48**, 115, 117, 136, 138, 139, 156
子 **65**, 149, 150, 153, 160, 163
太 **68**, 135
父 **68**, 153, 187
女 **69**, 138, 144, 149, 152, 154, 179, 181, 183
介 **71**, 154, 155
化 **74**, 159, 160, 180, 181, 183
刃 **78**
斤 **80**
井 **85**, 167

■5 LINES■

丘 **16**, 118
水 **18**, 119, 120, 128, 133, 134, 162, 169, 174, 178, 182
日 **20**, 120, 121, 128, 146, 147, 155, 158, 163, 168, 169
月 **20**, 121, 133, 148, 155, 158, 163
中 **30**, 119, 123, 128, 129, 134, 138, 145, 149, 150, 153, 165, 166, 171, 183
平 **30**, 128, 133, 167

戸	**32**
甘	**49**, 139, 172
矢	**51**, 140
示	**60**, 144, 167
生	**60**, 118, 143-146, 154, 159, 164
本	**61**, 138, 146, 147, 165, 168, 182
末	**61**, 148
未	**62**, 148
立	**67**, 133, 152, 153, 166
内	**70**, 115, 142, 151, 154, 174, 187
仕	**73**
分	**79**, 158, 159, 162, 163
半	**79**, 163, 164, 176
片	**80**, 164, 165
公	**83**, 166, 167

■6 LINES

灰	**13**, 116, 180
石	**17**, 118, 159, 180
氷	**19**, 120
白	**22**, 122, 123, 124, 143
光	**24**, 121, 152
羊	**33**, 130, 135
目	**38**, 122, 131, 132, 157, 164
耳	**42**
弓	**50**, 140
皿	**52**, 116
竹	**55**
米	**56**, 123, 165
田	**59**, 120, 176, 182
兄	**66**, 187
交	**67**
囚	**70**, 125
先	**71**, 127, 146, 155-7
双	**75**, 160
冬	**76**, 187
古	**81**, 148, 165,166
共	**82**, 146, 167, 172
行	**83**, 128, 132, 157, 166
休	**101**, 121, 129, 151

■7 LINES■

出	**15**, 116-118, 130, 140

永	**18**	炎	**13**, 115, 126, 127
西	**23**, 139, 187	谷	**16**, 170
虫	**37**, 131	多	**21**, 121
走	**47**, 157, 162	回	**24**, 131, 158
舌	**48**, 156	金	**25**, 122, 124, 130, 139, 142, 149, 170
引	**50**, 140, 161		
血	**52**, 134, 140, 166, 179, 183	羽	**36**, 135
		貝	**38**
舟	**53**	見	**39**,128,132, 147, 151, 156
母	**69**, 153, 154, 159, 163, 182, 187		
		足	**47**, 136, 137
百	**84**, 188	言	**49**, 139, 140, 165, 167
曲	**88**, 132		
妄	**97**	帆	**53**
忘	**97**	車	**54**, 120, 141, 142, 166
仲	**99**, 155, 171, 173		
体	**100**, 142, 147, 153, 161, 173, 174, 177	糸	**56**, 138
		困	**62**, 184
位	**100**, 151, 174, 175	児	**66**, 152
伴	**101**	何	**73**, 158
折	**102**, 176	非	**82**, 161, 166
劣	**108**, 181	争	**89**, 168
		吠	**95**
		戻	**96**
■8 LINES■		好	**96**, 172
林	**11**, 175	忍	**98**

析 **102**, 163
沖 **105**
里 **110**
性 **110**, 182, 183

■**9 LINES**■
雨 **19**, 119, 126
東 **23**, 123, 139, 187
串 **51**
卵 **57**, 143, 148
長 **57**, 143, 144, 177, 187
果 **63**
乗 **64**, 141, 149
京 **86**, 123, 127
味 **95**, 132, 171, 172
妹 **96**, 187
盲 **97**, 125, 173
拓 **103**
美 **107**, 125, 179, 180
岳 **107**, 181
男 **109**, 137, 144, 149, 152, 179, 181, 183
牲 **110**

■**10 LINES**■
災 **14**, 116
門 **32**, 130
直 **40**, 132, 133
首 **41**, 137, 143, 175
面 **41**, 133, 154, 164
肩 **43**, 141
背 **43**, 134
学 **65**, 143, 145, 150-2, 159, 161, 180
保 **74**, 159, 178
笑 **75**
固 **81**, 174
明 **93**, 123, 140, 144, 148, 169, 179
星 **93**, 169, 170
俳 **99**, 173
促 **99**
信 **100**, 138, 173
枯 **102**, 176
活 **105**, 146, 162, 183
炭 **107**, 180
岩 **108**, 118
砂 **108**, 118, 124
畑 **109**, 182
界 **109**

■11 LINES■
昼 **22**, 123, 171
馬 **35**, 117, 141, 149, 157, 160
眉 **39**, 132
軍 **54**, 125, 142
庫 **55**, 117, 142, 143
協 **77**, 162
酒 **88**, 168
粉 **111**
泉 **111**, 178

■12 LINES■
森 **12**
焦 **58**
黒 **59**, 122, 125, 150, 169
巣 **63**, 148
集 **64**, 149
夏 **76**, 187
倉 **86**, 143
傘 **87**, 168
悲 **98**, 172

■13 LINES■
魚 **35**, 130, 144, 179

鳥 **36**, 122, 131
骨 **44**, 134, 135
歯 **44**, 135, 141
煮 **58**
宿 **84**
高 **85**, 145, 177, 187
患 **98**
評 **104**, 172
訟 **104**
貧 **111**, 183, 184

■14 LINES■
崩 **15**
象 **34**
亀 **37**
覚 **40**
問 **94**, 151
植 **101**, 175, 176
揮 **103**
温 **105**, 177, 178

■15 LINES■
暗 **93**, 144, 169
間 **94**, 132, 166, 170-2
誓 **103**
話 **104**, 177

張 **112**

■16 AND MORE LINES■
鼻 **42**, 115, 134
競 **72**, 157, 168
歌 **87**, 168
聞 **94**, 132
鳴 **95**, 172
漁 **106**, 178
鯨 **106**
鮮 **106**, 179

BIBLIOGRAPHY

Shinjigen 232nd edition. Kadokawashoten, 1985, Tokyo.

New Little Japanese-English Dictionary 5th edition. Kenkyusha, 1987, Tokyo.

Romaji Japanese-English Dictionary. Sanseido, 2000, Tokyo.

English-Japanese Dictionary For the General Reader. Kenkyusha,1984, Tokyo.

KANJI STARTER

2001年8月24日	第1刷発行
2024年9月6日	第25刷発行

著 者　　楠谷大樹

発行者　　賀川　洋

発行所　　IBC パブリッシング株式会社
　　　　　〒162-0804 東京都新宿区中里町29番3号
　　　　　菱秀神楽坂ビル
　　　　　Tel. 03-3513-4511　Fax. 03-3513-4512

印刷所　　株式会社シナノパブリッシングプレス

© 楠谷大樹, 2001
Printed in Japan

落丁本・乱丁本は、小社宛にお送りください。送料小社負担にてお取り替えいたします。本書の無断複写（コピー）は著作権法上での例外を除き禁じられています。

ISBN 978-4-925080-48-4